BOWEN의
가족치료와
AMOS통계를 통한
자아분화 측정

BOWEN의
가족치료와
AMOS통계를 통한
자아분화 측정

김중호 지음

발달장애아동을 둔 어머니의 기능적 자아분화에 관한 연구

한국학술정보㈜

머리말

　본 연구는 발달장애아동과 밀접한 정서적 관계를 갖는 어머니의 만성불안과 기능적 자아분화수준이 어머니의 정신신체적 증상, 가족기능, 자녀의 장애에 대한 어머니의 적응수준과 어떠한 영향을 주고받으며 또 그 영향의 정도와 방향은 어떠한지를 밝혀보고자 하였다.

　본 조사는 경인지역의 특수학교, 조기특수교실 및 지역사회장애인복지관에서 서비스를 받고 있는 1세에서 18세 사이의 발달장애아동을 둔 어머니 373명을 대상으로 실시하였다. 가설검증을 위한 측정도구로는 기능적 자아분화 수준을 측정하기 위한 DSI-2척도, 가족기능을 측정하기 위한 가족평가척도(FAD), 정신신체적 증상을 특정하기 위한 Hopkins증상척도(HSCL), 스트레스 측정을 위한 고경봉 스트레스 측정표를 사용하였다.

　수집된 자료는 SPSS 10.0을 이용하여 일원배치 분산분석, t-test, Pearson 상관관계분석을 하였으며, AMOS를 이용하여 만성불안은 기능적 자아분화에 영향을 미치고, 다시 기능적 자아분화는 가족기능, 정신신체적 증상, 자녀의 장애에 대한 부모의 적응에 영향을 줄 것이라는 가설을 검증하기 위하여 1집단 분석모형에 대해 구조방정식모형

분석을 하였다. 또한 만성불안의 수준에 따라 기능적 자아분화는 가족기능, 정신신체적 증상, 자녀에 대한 부모의 적응에 미치는 영향의 정도에 차이가 있을 것이라는 가설을 검증하기 위하여 2집단 분석모형에 대한 구조방정식모형 분석을 하였다.

조사연구의 결과는 다음과 같다.

첫째, 장애아동의 나이와 확정진단연한에 따라 부모적응 수준에 차이가 있는 것으로 나타났으며, 가족의 경제적 사정, 어머니의 건강 등의 요인에 따라 만성불안, 가족기능, 부모적응 수준에 차이가 있는 것으로 나타났다.

둘째, 만성불안은 어머니의 기능적 자아분화에 직접적으로 영향을 미치며, 이 기능적 자아분화는 가족기능, 어머니가 느끼는 정신신체적 증상, 자녀의 장애에 대한 부모적응에 직접적으로 영향을 미치는 것으로 나타났다. 따라서 어머니의 기능적 자아분화는 가족기능, 어머니의 정신신체적 증상, 자녀의 장애에 대한 부모적응에 영향을 미친다는 가설이 검증되었다.

셋째, 만성불안의 수준이 다른 2집단에서 만성불안이 기능적 자아분화 수준에 영향을 미치고 이 기능적 자아분화 수준이 가족기능, 정신신체적 증상, 자녀의 장애에 대한 부모의 적응 등에 미치는 영향의 정도에 차이가 있을 것이라는 가설을 검증한 결과, 두 집단 간에서 경로상에 유의미한 차이가 있는 것으로 나타났다. 즉 만성불안이 높은 집단에서 기능적 자아분화의 수준이 떨어지면 만성불안이 낮은 집단보다 가족기능과 정신신체적 증상의 수준이 떨어지는 정도가 더 크게 나타났다. 또한 만성불안이 낮은 집단에서 기능적 자아분화의 수준이 높아지면 만성불안이 높은 집단보다 부모적응의 수준이 높아지는 정도가 더 크게 나타났다.

본 연구에서 사회사업실천을 위한 함의는 다음과 같다.

첫째, 재활사회사업분야에서 장애아동가족의 정서적 과정과 관련된 문제에 대해서는 가족체계이론에 입각한 치료적 개입이 효과적일 것이다.

둘째, 치료적 개입을 통해서 클라이언트의 자아분화수준을 높여줄 수 있다면, 가족기능, 정신신체적증상, 자녀의 장애에 대한 부모적응 측면에서 긍정적인 변화를 가져올 수 있음을 알 수 있었다. 또한 다양한 분야의 사회사업실천에서도 가족의 정서적 과정과 관련된 문제에 대해서는 가족체계이론에 입각한 치료적 접근이 효과적일 것이다.

셋째, 사회사업서비스를 제공하는 사회사업가는 자신의 기능적 자아분화수준에도 관심을 가져야 할 것이다. 이는 사회사업가의 자아분화수준이 클라이언트의 자아분화에도 영향을 미칠 수 있다고 보기 때문이다.

차 례

제 **1** 장

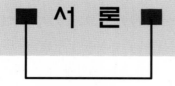

서 론

1. 문제제기

장애아동을 출산하거나, 장애가 있다고 진단되거나 가족성원 중에
서 중도장애로 인하여 장애인이 되는 경우, 가족들은 충격을 받거나
가족위기를 경험하면서 이에 대처하여 기능한다.[1][2][3][4] 대부분의 장애
인가족들은 이들의 양육(부양)과 재활에 대한 부담과 스트레스를 안고
생활하게 된다.

이로 인하여 장애아동의 부모 또는 그의 가족성원들은 정서적 불안
정 또는 정신신체적 증상을 경험하거나, 사회적인 부적응 현상이 나타
나기도 한다.[5][6][7] 장애아동과 비(非)장애아동 부모에게서 나타나는 스

---

1) M. W. Bristor, "The Birth of a Handicapped Child; A Wholistic Model for
   Grieving", *Family Relations*, vol.33(1984), pp.25−32.
2) R. M. Goldenson et. al., ed., *Disability and Rehabilitation Handbook*, (New
   York: McGraw−Hill, 1978), pp.21−27.
3) L. M. Fortier & R. L. Wanlass, "Family Crisis Following the Diagnosis of a
   Handicapped Child," *Family Relations*, vol.33(1984), pp.13−24.
4) S. Reagles, "The Impact of Disability: A Family Crisis", *Journal of
   Rehabilitation* Counseling, 13(3)(1982), pp.25−29.
5) A. E. Kazak & R. S. Marvin, "Differences, Difficulties and Adaptation: Stress
   and Social Networks in Families with a Handicapped Child", *Family
   Relations*, vol.33(1984), pp.67−77.
6) J. O. Weiss, "Psychosocial Stress−In Genetic Disorders: A Guide for Social
   Wokers", Social *Work in Health Care*, 6(4)(1981), pp.17−31.
7) A. R.immerman & D. Portowiez, "Analysis of Resources and Stress among
   Parents of Developmentally Disabled Children", *International Journal of*

트레스를 비교한 연구결과를 보면 장애아동부모는 일반아동부모에 비해 높은 스트레스를 가지고 생활하고 있으며, 아동의 일상생활 의존도에 의한 스트레스는 장애아동 부모에게서 높게 나타나는 것으로 검증되었다.[8]

그중에서도 자폐아 등을 포함한 발달장애아동의 경우는 스스로 일상생활을 해결해 나가기가 어렵기 때문에 부모가 겪는 심리적, 신체적 부담은 크게 나타나고 있다. 이처럼 장애자녀로 인하여 부모들이 겪어야 하는 어려움에 대해서는 언론에서도 관심을 갖고 사회문제로 다루고 있다.[9] 장애자녀와 어머니의 적응상태에 관한 연구에서는 부모의 적응상태가 장애자녀의 건강한 성장발달뿐 아니라 그 가정의 행복을 결정짓는 결정적인 요인으로 작용한다는 점을 감안할 때, 장애아 어머니의 적응을 위한 체계적인 사회사업 서비스 제공은 장애아동에 대한 직접적인 서비스 못지않게 중요하다[10]는 점이 강조되었다.

장애인 가족기능에 관한 실태조사에서는 가족 중에 누군가에게 장애가 발생되는 경우 가족기능에 영향을 미치기는 하지만 가족기능 전

Rehabilitation Research, 10(4)(1987), pp.439−445.

8) 배광웅·송상천, "장애아동부모와 일반아동 부모의 스트레스 비교연구", 「성지재활연구」, 제1권 (서울장애인종합복지관, 1986), pp.13−15.

9) '제 아이보다 하루만 더 살게 해주세요.' 자폐아 자녀를 둔 부모들의 한결같은 소망이다. 자폐증은 태어나서 죽을 때까지 지고 갈 수밖에 없는 짐이기 때문이다.(「중앙일보」, 2001년 8월 1일, 1면), 장애자녀를 둔 어머니 중 일부는 결국 자식이 평생 짊어질 고통을 보다 못해 자식을 죽여 언론에 보도되기도 한다. 우리 사회가 장애인 문제를 개별가족에게 떠넘겨 얼마나 큰 고통을 줬는지 알 수 있다. 아이를 보살피느라 직장은 물론 모든 사회활동과 개인생활까지 중단된다는 점에서 장애부모들은 또 다른 의미의 장애인인 셈이다.(「국민일보」, 2001년 8월 6일, 27면)

10) 이삼연, "장애아 모의 적응에 관한 연구", 「한국사회복지학」, 제30권(한국사회복지학회, 1996), p.141.

체에 장애를 초래하는 것은 아니며, 주로 정서생활과 정서적 지지, 사회화교육, 자녀양육기능 등에 부정적인 영향을 미치고 있음이 밝혀지기도 하였다.11) 최근 재활분야에서는 장애인의 가족문제에 초점을 두고 사회사업 서비스, 프로그램과 관련된 실천방법12)13)14), 실태조사15)16), 진단도구의 개발17) 등에 관심이 모아지면서 이에 관한 연구가 지속적으로 이루어지고 있다.

이와 같이 장애아동의 부모 특히 어머니의 어려움과 가족문제들을 가족 안에서 자체적으로 감당하고 해결하기에는 많은 한계와 부담이 있기 때문에 이들 가족에 대한 적절한 사회적 대책과 전문적인 지원서비스가 요청된다. 장애인의 재활과 관련하여 장애인가족에 대한 전문가의 개입과 지원이 필수적인 요인으로 강조되고 있으므로 가족단위를 대상으로 하는 사회사업 서비스로서 가족치료의 중요성이 부각된다고 본다.

11) 송성자, "장애자 가족기능에 관한 조사연구", 「문교부 자유과제 학술연구 보고서」(경기대학교 사회복지학과, 1986), pp.37-38.
12) 양미숙, "정신지체 성인자녀의 부모를 위한 역량강화 집단프로그램개발과 효과"(박사학위논문: 서울대학교 대학원, 2000)
13) 유양숙, "척추손상인 부부의 문제와 부부관계증진 프로그램 적용에 관한 연구"(박사학위논문: 숭실대학교 대학원, 1998)
14) 오승환, "장애가족에 대한 집단사회사업실천에 관한 연구; 자폐아 어머니를 중심으로", 「사회복지연구」, 7호(서울대학교 사회복지연구소, 1996), pp.236-264.
15) 박진영·박태영, "발달장애아동 자녀를 둔 어머니의 결혼만족도에 영향을 미치는 변인들에 관한 연구 : 특수학교에 재학 중인 발달장애 아동의 어머니를 중심으로", 「한국가족복지학」(2001), pp.113-138.
16) 안범현, "장애아동을 둔 어머니의 성격적응유형과 양육스트레스간의 관계연구", 「성지재활연구」, 제7호(서울장애인종합복지관, 1999), pp.41-72.
17) 손광훈, "발달장애아 가족사정 도구개발 효과성에 관한 연구" (박사학위논문: 숭실대학교 대학원, 1996)

Collins-Moore에 의하면, 아동의 상태는 부모의 상태에 의해서 전적으로 영향을 받는다. 부모의 정서적 기능은 부모 자신뿐 아니라 장애자녀의 적응, 부적응 여부에 결정적 역할을 하게 된다. 부모가 정서적으로 건강하다면, 비록 장애로 인하여 기능적 한계가 있겠지만 장애자녀는 정서적으로 안정된 가운데 잠재능력을 최대한 발휘할 수 있게 된다. 따라서 부모가 자신의 감정을 잘 다루고 아동과 좀 더 적절한 정서적 유대관계를 가질 수 있도록 돕는 일은 부모자신뿐 아니라 장애아동을 위해서도 중요하다.[18] 이와 같이 장애아동과 부모의 관계는 정서적 현상으로 나타나며, 부모들은 자녀의 장애에 대해 비슷한 패턴의 정서적 반응을 보이게 됨을 알 수 있다. 그러므로 장애아동의 부모들이 겪게 되는 정서적 불안정, 정신신체적 증상, 사회적 부적응, 가족 기능의 손상 등의 문제는 가족 안에서 정서적 현상으로 나타나는 가족의 역동적 문제로 볼 수 있다.

Murray Bowen은 가족체계이론에서 가족과 인간(가족성원)을 정서적 단위[19]로 보았으며, 가족성원 간에 나타나는 정서적 과정[20]에 초점을

---

18) M. S. Collins-Moore, "Birth and Diagnosis: A Family Crisis", M. G. Eisenberg, C. C. Sutkin, & M. A. Jansen eds. *Chronic Illness and Disability through Life Span: Effect on Self and Family*, (New York : Springer Publishing Company, 1984)의 문헌은 오길승, "정신지체 아동 어머니의 자기자녀에 대한 적응 수준에 영향을 미치는 변인들에 관한 연구", 「한신대 사회복지연구」, 2권(한신대학교, 1994), pp.65-92.에서 재인용.

19) 가족성원들의 정서적 기능은 상호의존적인 경향이 매우 강하므로 가족은 정서적 단위로 개념화될 수 있다. 여기에서 '정서적'이라는 용어는 정서적 반응, 감정, 주관성에 의해 제어되는 기능을 의미하여, 인간의 주관성은 사고의 대상에 의해 영향을 받기보다는 개인적 감정에 의해 더 크게 영향을 받는다고 보았기 때문에 이 용어에 포함된다. M. Kerr & M. Bowen, *Family Evaluation*, (New York : W. W. Norton & Company, 1988), p.7.

20) 정서적 과정(emotional process)은 한 사람이 다른 사람에게 정서적으로

두고 자아분화와 만성불안(스트레스) 등의 개념으로 가족성원개인의 기능과 가족의 기능을 설명하고 있다. 자아분화와 만성불안과 관련되어 가족에게서 나타나는 증상들은 신체적 질환, 정서적 질병, 사회적으로 나타나는 문제와 관계가 있는 것으로 가정하였다.[21]

발달장애아동의 가족문제와 가족기능에 관하여 가족체계이론의 관점에서 정리하면, 장애아의 출현은 가족성원들에게 있어서 스트레스로 작용되고, 이는 가족의 불안을 가중시키며, 만성화시키는 경향이 있다. 이로 인하여 장애아동의 부모, 특히 어머니는 정신신체적 증상을 경험하게 되며, 이들의 가족기능 또한 저하되는 현상을 보이게 된다. 장애아동 가족들이 정서적으로 취약해질 가능성이 높은 것은 장애자녀의 양육, 재활과 관련하여 재정적, 시간적, 체력적 부담, 가중되는 스트레스, 만성불안 등에 의해 부정적인 영향을 받을 확률이 높기 때문이다.

이러한 정서적 요인들은 장애아동 어머니의 기능적 자아분화를 떨어뜨리는 원인으로 작용된다. 또한 역으로 어머니의 기능적 자아분화의 수준이 낮게 나타난다면 장애아동과 가족들은 심리사회적인 환경으로부터 나오는 스트레스와 만성불안에 취약해지게 되는 등 장애아동가족 내에서 이러한 악순환이 반복되고 지속되는 현상이 나타날 가능성이 높을 것이라고 예측된다.

특히 Bowen의 가족투사과정(family projection process)에 의하면,[22]

의존해 있다거나, 두 사람 상호간에 정서적으로 반응하는 결과로 나타나는 현상을 의미한다. *Ibid.*, p.12.

21) *Ibid.*, pp.112-133. p.163. pp.256-281.

22) 정서적 투사과정에서 가장 취약한 자녀들로는 첫째자녀, 장녀 또는 장남, 외동딸 또는 외동아들, 불안정도가 심할 때 출산한 자녀, 그리고 결함을 가지고 태어난 자녀 등이다. M. Bowen, *Family Therapy in Clinical Practice*, (New Jersey : Jason Aronson, 1994), pp.198-206.

부모로부터 장애를 가진 자녀가 정서적 투사의 대상으로 선택될 가능성이 높다고 본다. 따라서 장애아동은 어머니와 비교적 높은 강도의 정서적 과정을 형성하게 되어 상호간에 영향을 미칠 가능성이 높아진다. 또한 이러한 정서적 과정은 핵가족 전체에도 영향을 미침으로써, 다른 가족성원들과 가족기능에도 부정적으로 작용할 것이라고 본다.

더욱이 부모의 자아분화수준은 자녀의 자아분화수준에 영향을 준다[23)]는 가정에서 부모의 자아분화가 장애아동의 자아분화의 형성에 중요한 요인이 된다고 본다. 따라서 장애아동의 부모를 위하여 가족체계이론에 입각한 접근모델은 필요하다고 생각되며, 이를 위한 기초연구로서 장애아 어머니의 기능적 자아분화에 초점을 맞추어 어머니의 정신신체적 증상, 가족기능, 자녀의 장애에 대한 부모적응 등과의 상관관계를 검증해 보는 것은 의미가 있다고 본다.

장애인가족을 대상으로 하는 가족치료는 구조적 가족치료모델, 의사소통 가족치료모델, 전략적 가족치료모델 등의 이론에 입각하여 다양한 치료적 접근이 가능하다. 그러나 Kilpatrick은 가족기능의 4가지 수준에 따라 적용시킬 수 있는 가족치료모델을 구분하여 적당한 모델을 선정할 수 있도록 이론적 근거[24)]를 제시하였다. 이러한 이론적 근거에 입각하면 앞에서 살펴보았던 장애아동과 부모, 가족 간에 나타나는 정서적 현상과 관련된 가족문제를 다루는 데는 Bowen의 가족체계이론이 가족의 정서적 측면에 초점을 맞춘 가족치료로서 적합한 접근모델이라고 생각하였다. 즉 재활사회사업분야에서는 가족기능의 수준

---

23) Kerr & Bowen, *op.cit.*, p.196.
24) A. C. Kilpatrick, T. p.Holland ed., *Working with Family An Integrative Model by Level of Functioning*, (Massachusetts : Allyn and Bacon, 1995), pp.3 – 15., 장애인가족을 대상으로 가족기능의 4가지 수준에 따라 적용시키는 가족치료모델들에 대해서는 결론부분에서 논의하였다.

에 따라 장애인가족에 알맞은 가족치료접근모델을 적용할 수 있으나, 앞에서 언급한 발달장애아동가족의 가족문제들과 관련해서는 자아분화의 수준을 높여 주는 가족체계이론에 입각한 치료적 접근모델이 유용할 것이라는 점을 제시하는 데 의미가 있다.

2. 연구의 목적과 의의

본 연구는 발달장애아동 가족에게서 나타나는 만성불안이 어머니의 기능적 자아분화에 영향을 미치고, 이 기능적 자아분화의 수준에 따라 정신신체적 증상의 정도, 가족 역기능의 정도 그리고 자녀의 장애에 대한 부모의 적응수준에 차이를 보일 것이라는 가정에서 출발했다. 이러한 가정에 근거하여 다음과 같은 구체적 목표를 설정하였다.

첫째, 장애아동의 어머니집단에서 나타나는 기능적 자아분화수준과 가족기능, 어머니의 정신신체적 증상, 만성불안 등에 있어서 연구변인 간의 관계를 살펴본다.

둘째, 발달장애아동의 어머니에게서 나타나는 기능적 자아분화의 수준별로 집단을 나누고, 이 집단들 간에 나타나는 가족기능, 어머니의 정신신체적 증상, 자녀의 장애에 대한 부모적응의 수준 등에 유의미한 차이가 존재하는 지를 조사한다.

셋째, 발달장애아동의 어머니에게서 나타나는 만성불안이 기능적 자아분화에 영향을 주고, 기능적 자아분화가 가족기능, 정신신체적 기능, 자녀의 장애에 대한 부모적응에 영향을 미치는 경로와 만성불안의 수준에 따라 기능적 자아분화에서 각 경로에 영향을 미치는 정도의 차이가 존재하는지를 조사한다.

본 연구의 목적을 달성함으로써 얻어지는 연구의 의의는 다음과 같다.

가족체계이론에서 Bowen이 제시한 "자아분화의 수준에 따라 가족기능 및 가족증상에 유의미한 차이가 있을 것이다"라는 이론적 가설을 검증하여, 장애아동가족에 대한 가족치료개입의 가능성을 알아보려 한다. 즉 어머니(부모)에게서 기능적 자아분화수준이 향상된다면 결과적으로 장애자녀를 위한 부모의 양육부담, 부모의 정신신체적 증상, 가족기능 등이 개선됨으로써, 장애아동의 재활에 긍정적 영향을 미칠 수 있으리라고 생각되며 이를 위한 사회사업 서비스로서 가족치료의 접근을 위한 기초자료를 제시하는 데 의의가 있다.

3. 연구의 제한점

본 연구과정에서 나타난 연구의 제한점을 다음과 같이 밝힌다.

첫째, 자료수집과정에서 제한점이 있다. 연구자의 편의상 연구대상 집단을 쉽게 확보할 수 있는 서울, 경기지역의 조기특수교육실, 특수학교, 지역사회 장애인복지관에 소속되어 있는 발달장애아동의 어머니로 제한하였다. 따라서 연구결과를 일반화시키는 데는 한계가 있다.

둘째, 직접적인 가족치료개입을 통한 연구변인 간의 변화관계를 파악하는 것이 바람직하다고 생각한다. 그러나 Murray Bowen의 가족체계이론에 입각한 가족치료개입을 하려면 일정수준이상의 임상훈련을 쌓아야 한다. 이와 같은 자격을 갖추지 못한 본 연구자는 횡단적 연구를 통하여 발달장애아동의 어머니집단에서 기능적 자아분화의 수준이 변하면 가족기능, 정신신체적 증상, 자녀의 장애에 대한 부모의 적응 등의 수준이 변할 것이라는 사실을 간접적인 방법으로 검증할 수밖에 없었다. 따라서 기능적 자아분화의 수준이 변함에 따라 다른 변인이 변화하는 것을 확인하는 실증적 연구가 필요하다는 점에서 간접적 연구의 한계를 밝힌다.

셋째, 스트레스측정표(5점척도), 자아분화질문지(6점척도), 부모적응 질문지(5점척도), 가족기능질문지(4점척도) 정신신체적 증상질문지(4점 척도) 등의 자료에 대하여 AMOS통계를 적용하려면 동일한 간격의 척도로 구성되어 있어야 하므로, 스트레스측정표(5점척도), 자아분화질문지(6점척도), 부모적응질문지(5점척도)는 4점척도의 점수를 변환시켜 통계분석을 하였다. 따라서 점수변환에 따른 통계적 오차가 존재함을 밝힌다.

제 **2** 장

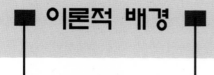

1. 가족체계이론과 기능적 자아분화

본 절에서는 발달장애아동의 가족에게 적용시켜 보고자 하는 가족체계이론에 대한 이론적 관점과 기본개념, 자아분화와 정서적 과정, 만성불안과 가족증상과의 관계 등을 살펴보았다.

1) 이론적 관점과 기본개념

(1) 이론적 관점

Murray Bowen은 정신분열증환자와 그의 어머니와의 관계에서 나타나는 정서적 현상에 대한 임상적 관찰을 통하여 가족체계이론에 대한 기본적인 아이디어를 얻었고, 오랜 기간 동안 다양한 유형의 정신과적 증상을 갖는 정신병동환자와 외래환자들에 대한 임상경험을 기초로 하여 가족체계이론을 정립시켰다. 이를 요약하여 소개하면 다음과 같다.[25] 정신분열증환자와 어머니 상호간의 관계는 정서적으로 깊은 영향을 주고받는다. 정신분열증환자는 유아기부터 성장발달을 하면서 어

---

25) Menninger Foundation(1946−1954년), National Institute of Mental Health (1954−1959년) Georgetown대학의 Medical Center (1959−1990년 사망 시 까지)에서 정신분열증환자의 가족으로부터 시작하여 정상가족에게서도 나타나는 정서적 현상을 임상적으로 관찰하여 가족체계이론을 발전시켰다. Kerr & Bowen, op. cit., pp.3−25, pp.330−386.

머니와 정서적으로 분리되지 않고,[26] 성인이 되어서도 정서적 관계가 계속 연장이 된다. 어머니와 자녀(정신분열증 성인환자)는 서로 깊이 관여하면서 영향을 미치고 있으므로, 두 사람을 분리된 사람으로 생각하는 것은 쉽지 않다.

Bowen은 정신분열증환자와 어머니에게서 나타나는 정서적 과정의 강도는 핵가족 전체의 가족관계에서 나타나는 정서적 과정의 강도와 차이가 나지 않는다는 사실을 발견하였다. 이는 곧 아버지와 환자의 형제들도 '어머니와 환자 사이에만 존재하리라고 생각했었던 문제'를 악화시키고 반복시키는 데 한 부분으로 작용한다는 사실을 의미하는 것이다. 그러므로 어머니와 환자를 분리된 사람으로 생각하는 것이 쉽지 않을뿐더러, 가족이 각기 독립된 개인으로 존재한다고 생각하는 것 역시 쉽지 않다고 보았다. 이러한 정서적 과정은 핵가족뿐만 아니라, 확대가족에서도 나타나며, 정상적인 가족관계에서도 발견되는 것으로 보았다. 그는 이와 같이 임상적으로 관찰한 사실을 종합하여 정신분열증가족에게서 나타나는 정서적 과정을 모든 가족[27]에서도 관찰할 수 있는 일반적인 가족현상으로 보면서 이론적 개념을 확장시켰다.

그 당시 대부분의 연구자들은 정신분석이론에 입각하여 정신분열증환자와 어머니 간에 나타나는 '무의식적 갈등과 동기'의 개념으로 공생관계를 설명하려고 시도했었다.[28] 정신분석치료의 임상적 전통은

---

26) Bowen은 정신분열증환자와 어머니와의 관계를 생물학적인 공생관계 (symbiosis)로 보았으며, 아기의 생애초기에 어머니가 아기에게 깊숙이 관여하는 것은 포유류 동물에게서도 공통적으로 나타나는 일반적인 특징으로 보았다. 이와 같은 관점에서 어머니와 자녀의 관계를 정서적인 공생관계로 보았으며, 인간과 가족을 정서적 체계로 본다는 가정을 제시하였다. Ibid., p.5, p.19.

27) *Ibid.*, p.10.

치료자-환자 간의 전이관계(transference relationship)의 오염을 막기 위해 치료자와 가족성원 간의 접촉을 금지하고 있었다. Bowen은 초기에는 정신분석이론에 입각한 치료자였으나, 동료들과 달리 그 당시의 임상적 전통에서 벗어나 정신분석치료에서는 금기시하였던 환자의 가족들과 임상적 접촉을 하면서 이들을 관찰하였다. 그는 정신분열증 환자가 그의 가족과의 관계에서 정서적 영향을 미치는 것을 발견하면서 오히려 환자가족과 접촉하면서 가족성원 사이에 나타나는 정서적 변화에 초점을 두었다.[29] 정신분석이론과 가족체계이론은 환자와 그 가족을 대하는 방법에서 차이를 보이고 있는데 이는 인간을 이해하는 관점의 차이에서 비롯된다. 그는 인간존재에 대해서는 진화론적 관점을 취함으로써 정신분석학파(Freudian)로부터 결별하게 되었다. 그는 '인간(homo sapiens)이 진화의 산물[30]이며, 인간의 행동은 다른 모든 생명체와 동일한 자연적 과정에 의해서 규제된다'는 가정을 제시하였다.[31] 정신분석이론으로는 인간과 다른 생명체에게서 동일하게 나타나는 자연적 과정을 설명할 수 없다고 보았으며, 이러한 관점에서 벗

---

28) *Ibid.*, p.5.

29) *Ibid.*, pp.4-6.

30) 본 연구자는 Bowen의 인간에 대한 진화론적인 관점에 대해서는 동의하지 않으며, '인간과 가족은 정서적 체계이다'라는 Bowen의 이론적 가정만을 수용한다. Bowen은 가족체계이론에서 정서적 체계의 근본은 생명의 기원 이래로부터 존재하여 왔으며, 생명의 기본적인 계획(design)은 생명의 기원에 앞서 있었을 것이라고 가정했다. 따라서 진화론적인 관점을 수용하지 않더라도, 생명현상에 대해 이론적 개념으로서의 정서적 체계를 적용시킬 수 있다고 본다. 창세기 1장 1절, 11-12절, 20-31절 2장 5-7절, J.p.Moreland & J. M. Reynolds ed., 「창조와 진화에 대한 세 가지 견해」, 박주희역, (서울 : 한국기독학생회출판부, 2001), pp.9-48, pp.164-253., M. Kerr & M. Bowen, op.cit., pp.6-11. p.51.

31) *Ibid.*, p.3.

어나는 정신분석이론은 결코 과학이 될 수 없다고 비판하였다.[32]

따라서 Bowen은 인간과 가족에서 나타나는 정서적 현상, 정서적 과정을 정서적 체계[33]라는 이론적 개념으로 설명하고자 시도하였으며, 가족을 이해하고, 임상가족에 개입을 할 수 있는 일반적인 가족치료이론으로 체계화시켰다.

(2) 기본개념

Bowen은 인간과 가족을 자연적 체계인 정서적 체계로 보았으며,[34][35] 그의 가족체계이론은 인간관계를 지배하는 정서적 과정에 관한 이론이다.[36] 정서적 체계는 정서적 과정에 의해서 정서적 장을 형성한다.[37] 정서적 체계를 구성하는 두 개의 생명력으로서 개체성(individuality)과 집단성(togetherness)은 내부적 자극, 외부적 자극(환경자극)에 반응하여,

---

32) *Ibid.*, pp.352-358.

33) 가족에 대한 Bowen의 이론은 가족을 정서적 체계로 개념화시킴으로써 성립되었다. *Ibid.*, p.11.

34) *Ibid.*, pp.23-26. p.262.

35) M. White, "Structural and Strategic Approaches to Psychosomatic Families", *Family Process*, 18(3)(1979), pp.303-314.

36) Kerr & Bowen, *op.cit.*, p.64.

37) 정서적 체계는 전혀 인식되지 않는 유기체의 실체적 현상으로서 뇌의 기능보다 더 심층적인 생명현상으로 이해된다. 이는 유전자보다 더 근원적인 세포원형질(protoplasm)에 뿌리를 두고 있다고 가정되고 있다. 이 정서적 체계의 개념을 확장시키면, 생명을 가진 유기체의 기능을 설명하는 추상적 개념으로서 세포원형질, 유전자, 염색체, 세포, 신체의 각 기관, 신체적 생리현상(신경계, 면역계, 내분비계), 두뇌(triune brain), 한 개체로서의 인간, 가족, 사회 등의 정서적 단위를 이룬다고 보았다. 이러한 의미에서 인간과 가족은 정서적 체계의 단위를 이룬다고 가정하고 있다. 정서적 단위를 이루는 정서적 체계는 정서적 과정에 의해서 연결됨으로써 정서적 장을 형성하고 있다. *Ibid.*, pp.54-58, p.263n,

분리와 융합을 반복하는 상호작용을 계속하게 된다.[38] 이 두 가지 힘의 작용과 반작용에 의해서 정서적 체계는 균형을 유지하게 된다. 이 두 가지 힘을 매개하는 것은 정서적 반응으로서의 불안이다. 스트레스와 같은 외부자극을 받게 되면 불안과 같은 정서적 반응을 보이게 되는데, 이 불안은 정서적 체계의 반응기제로서 작용하는 것이다.

첫째, 개체성은 개인으로 하여금 자기-지향적으로 움직이게 하고, 독립적으로 분리된 실체로 남아 있게 하는 생명력이다. 독립된 존재로 지향하게 하는 이러한 힘은 스스로 느끼고, 생각하고, 행동하도록 하는 동기를 갖도록 한다. 그리고 다른 사람이 그와 똑같이 느끼고, 생각하고, 생각하는가 하는 여부에는 관심을 두지 않는다. 한 개인이 개체성을 유지하는 정도는 우선적으로 학습에 근거를 둔다. 이러한 학습은 '정서적 반응에 적응시키는 것'으로부터 '지식을 지적으로 획득하는 것' 등에 이르기까지 다양하다. 둘째, 집단성은 다른 사람을 의식하고, 의존적이 되며, 서로 연결되어지며, 분리되지 않은 실체로 향하도록 하는 생명력이다. 인간존재는 다양한 생물학적, 심리학적 체계로서, 집단의 한 부분으로서 기능하도록 하며, 집단의 범위를 유지하도록 하는 경향이 있다. 이러한 내적 체계들은 개인이 집단으로 지향할 뿐만이 아니라, 다른 사람들이 자기에게 향하도록 하는 신호를 보내기도 한다. 이렇게 연결된 힘은 자기가 다른 사람들과 같이 행동하고,

---

38) Bowen은 인간관계에 영향을 미치는 생명력(개체성과 집단성)을 가정하였다. 이는 인간관계 간에 나타나는 복잡한 현상들을 단순화시켜 설명할 수 있는 개념이다. 그는 개체성과 집단성의 분리와 융합현상에 대한 이론적 개념을 가지고 개인, 인간관계의 기능 등을 설명하였다. 그는 인간관계체계에서 개체성과 집단성의 균형이 깨어지면 이에 적응하기 위해서 신체적, 정서적, 사회적 역기능의 현상이 나타나게 된다고 보았다. *Ibid.*, pp.59-88.

느끼고, 생각하도록 노력하는 것뿐 만 아니라, 다른 사람도 자기처럼 행동하고, 느끼고, 생각하도록 노력하는 것을 의미한다. 한 사람에게 나타나는 집단성과 관련된 힘의 강도는 대부분 학습에 영향을 받는다. 이러한 학습은 '정서적 반응과 감정적 반응에 적응시키는 것'으로부터 가치와 신념을 획득하는 것' 등이 있다.[39)]

또한 Bowen은 인간의 자아(self)를 정서적 체계, 감정적 체계, 지적 체계의 개념으로 설명하고 있다.[40)] 첫째, 지적 체계(intellectual system)[41)]는 대뇌피질의 작용으로서 사고, 계산, 추리하는 기능을 나타낸

---

39) *Ibid.*

40) *Ibid.*, pp.27-58.

41) Bowen의 가족체계이론에서 지적 체계의 기능은 순수하게 대뇌 신피질의 작용으로 나타나는 기능을 의미한다. 즉 생각하며, 계산하는 기능, 그리고 사물과 현상을 인식하고, 이해하며, 추상적으로 추론하고, 복잡한 정보들을 교환하는 기능들과 관련된 의식적 부분(consciousness)의 기능과 관련이 있다. Freud의 정신분석이론에서 Ego는 Id와 Superego 그리고 외부현실사이에서 일어나는 서로 대립적인 요구들을 조화시키며 현실을 판단하는 기능을 갖고 있다. 또한 Ego는 의식, 전의식, 무의식에 걸쳐서 존재하는데, 인간은 의식부분에 나타나 있는 Ego의 기능으로써 현실을 인식하게 된다. 현실을 판단하는 기능에 있어서 Ego는 플라톤의 이성과 유사한 듯하지만, 플라톤의 이성개념은 Freud가 Superego에 부여한 도덕적 기능을 가지고 있는 것으로 보인다(레즐리.스티븐슨, 「인간의 본질에 관한 일곱 가지 이론」,임철규역, (서울 : 종로서적, 1991), pp.100-103.) 따라서 가족체계이론에서의 지적 기능과 정신분석이론에서의 Ego, 그리고 플라톤의 이성-이 세 가지 개념들은 기능적 측면에서 유사한 듯하지만, 이론적으로 기본가정이 서로 다르므로, 전혀 다른 개념으로 보아야 할 것이다. 이론적으로 다룰 때는 이를 구분하여 적용시키는 것이 바람직하다고 생각된다. 또한 Id는 플라톤의 정욕 혹은 욕망과 밀접하게 관련되며, 가족체계이론에서의 정서적 체계와 정신분석학의 Id의 개념은 무의식적이라는 점에서 유사하나, 가족체계이론의 정서적 체계, 정신분석학의 Id, 플라톤철학의 정욕과 욕망의 개념들 또한 이론적으로는 구분된 개념으로 보아야 할 것이다.

28

다. 지적 체계는 알고 이해하며, 추상적으로 추론하고 복잡한 정보들을 교환하는 것과 깊이 관련된다. 이러한 지적 체계의 능력은 모든 생명체에서 인간에게만 유일하게 있다. 둘째, 감정적 체계(feeling system)는 변연계의 작용과 관련이 깊은 것으로 보이며, 느낌으로써 인식하게 되는데 정서적 체계가 의식의 표면에 드러나는 것을 느끼는 기능을 한다. 감정적 체계는 정서적 체계와 지적 체계와의 사이에서 연결고리가 된다. 감정적 체계는 의식세계에 투사되는 부분으로서 빙산의 일각과 비슷하며, 나머지의 대부분은 의식의 표면아래에 존재한다. 감정적 체계는 인간의 행동에 영향을 미친다. 셋째, 정서적 체계는 생물체에 있어서 생득적이거나 본능적 안내체계를 형성하는 진화과정과 깊은 관련이 있는 것으로 보고 있다. 학습된 반응42)이 자동적 반응으로 나타난다면 이는 정서적 체계의 한 부분으로 간주된다. 이러한 정서적 과정들은 단순 자극과 복합적 자극에 대한 반응으로 나타난다. 가족체계이론에서는 인간의 행동 대부분이 정서적 체계에 의해서 지배된다고 가정하고 있다. 인간이 내적 자극과 외적 자극에 정서적으로 반응하게 되면, 정서적 수준, 감정적 수준, 지적 수준에서 반응이 나타나게 된다. 정서적으로 반응하는 것은 정서의 생리적 요인과 행동으로 나타나는 것을 의미하며, 이것이 지적 수준에서 나타나는 현상은 정서와 감정에 의해 영향을 받는 사고과정이다. 감정적 반응이 자동적 반응이라고 보듯이, 정서적으로 영향을 받은 사고의 반응은 자동적인 반응으로 볼 수 있으며, 행동에 영향을 줄 수도 있다. 가치, 신념, 태도 등은 정서적으로 영향을 받은 사고로서, 자동적 반응으로 간주된다.

---

42) Bowen에 의하면 동물에게는 지적 체계와 감정적 체계가 존재하지 않다. 정서적 체계만 존재하므로 외부자극에 대하여 오직 본능(정서적 반응)에 의해서만 대처한다. *Ibid.*, pp.30-33.

따라서 정서적 체계, 감정적 체계, 지적 체계는 서로 간에 영향을 미친다. 정서적 반응은 감정적 반응에 영향을 미치고, 이는 감정에 의해 영향을 받은 사고를 유발한다. 이와 반대로 주관적으로 영향을 받은 사고는 감정을 유발하며, 이는 정서적 반응을 일으킨다.

Bowen은 가족체계이론에서 가족과 인간의 기능을 구체적으로 설명하기 위해서 자아분화, 삼각관계, 핵가족의 정서적 체계, 가족투사과정, 다세대전수과정, 정서적 단절, 형제순위, 사회적 퇴행 등의 8가지의 기본개념을 소개하였다.43)44)45)

2) 자아분화와 정서적 과정

본 절에서는 자아분화의 개념, 자아분화수준이 인간관계에서 정서적인 상호의존관계의 정도에 미치는 영향, 그리고 개인기능에 영향을 미치는 정서적 과정을 살펴보며, 자아분화수준에 따라 정서적 과정으로서 나타나는 정서적 반응, I-position, 정서적 단절과 융합에 관하여 알아본다.

(1) 자아분화

자아분화(differentiation of self)를 개념적으로 이해하기 위해서는 정서적 차원, 심리내적 차원, 인간관계적 차원으로 나누어 볼 수 있다. 첫째, 정서적 차원으로 설명되는 자아분화는 개체성과 집단성의 중복,

---

43) Ibid., p.13, pp.340-352,
44) Bowen, op.cit., pp.361-387.
45) 김중호, "가족체계이론과 정서의 임상적 의미", 「서울장신논단」, 8집(서울
　　장신대학교, 2000), pp.336-342.

분리가 이루어지는 수준에 의해 결정되며, 자아의 분화와 비분화의 개념으로도 설명된다. 이는 이론적으로 존재하는 개념이다.[46] 둘째, 자아(self)[47]를 구성하는 정서적 체계, 감정적 체계, 지적 체계와 관련된 심리내적 차원으로 설명되는 자아분화는 감정적 체계(정서적 체계)의 과정과 지적 체계의 과정을 구분하는 능력[48]으로 설명된다. 셋째, 인간관계적 차원으로 설명되는 자아분화는 자신의 원가족으로부터 정서적으로 분리하는 능력[49]으로 설명된다.

이 세 가지는 가족체계이론의 치료적 접근에서 다루는 자아분화의 기본개념들이 된다. 정서적 체계로서의 가족의 개념은 정서적 과정에 의해서 핵가족, 원가족, 확대가족의 개념으로 확장된다. 또한 가족관계는 정서적 과정에서 불안을 흡수하는 방법으로 2인 관계, 삼각관계와 같은 이론적 개념으로 설명되는데, 일반적으로 임상가족에서는 얽혀진 삼각관계(interlocking triangle)로 나타난다.[50] 즉 인간관계는 역동적인 정서적 과정인 삼각관계에 의해서 핵가족, 원가족, 확대가족, 사회적 체계로 확장된다. 한 개인이 자기의 원가족과 정서적으로 분리가 되지 않았다면 이는 자아분화의 수준이 낮은 것을 의미하고, 삼각관계에 놓

---

46) *Ibid.*, pp.59−88.
47) Ego(자아)는 주 42)에서 보았듯이 Freud 정신분석이론의 한 개념으로서 Id, Superego, 외부현실 사이에서 일어나는 서로 대립적인 요구들을 조화시키며 현실을 판단하는 기능을 갖고 있다. Bowen의 Self(자아, 자기)는 인간에게 있어서 생리적, 심리적, 사회적 요인이 통합적으로 나타나는 전인적(全人的) 개념이다. 따라서 Freud의 Ego와 Bowen의 Self는 우리말로 자아(自我)로 번역되지만, 이론적 전제가 다르기 때문에 이는 구분되는 개념들이다.
48) *Ibid.*, pp.27−58.
49) *Ibid.*, pp.87−88.
50) *Ibid.*, pp.134−145.

여질 가능성이 높으며, 확대가족, 사회적 관계에서도 낮은 자아분화의 수준에서 기능을 하게 됨을 의미하는 것이다.

이와 같이 자아분화는 개인기능과 가족기능에서 나타나는 현상에 대하여 정서적 차원, 심리내적 차원, 인간관계적 차원으로 다르게 설명될 수 있으며, 이는 이론적으로 동일한 의미를 갖는 개념이다.

Bowen의 가족체계이론에서는 인간의 기능에 대해 자아분화의 개념을 기본적 자아분화(basic differentiation of self)와 기능적 자아분화(functional differentiation of self)로 나누어 설명하고 있다.51)52) 첫째, 기본적 자아분화는 출생 시부터 아동기를 거쳐, 청소년기에 완성되며, 특별한 사건이 없는 한 기본적 자아분화의 수준은 평생 동안 변화되지 않는다. 기본적 자아분화는 과거 다세대가족의 산물인 한 개인과 깊이 관련되어 있다. 기본적 자아분화를 사정하려면 한 개인의 독특한 전체 생활과정을 평가해야 하며, 그와 밀접하게 관련된 사람들의 생활들을 평가해야 한다. 기본적 자아분화는 이와 같이 광범위한 평가가 이루어져야만 알 수 있다. 일반적으로 기본적 자아분화는 기능적 자아분화에 의해서 가려져 있어 파악하기가 쉽지 않다. 임상적으로 관찰이 가능한 것은 기능적 자아분화이다. 기본적 자아분화의 수준이 낮으면, 그 사람의 기능은 환경적 요인에 더욱 의존하게 된다. 기본적 자아의 수준이 감소하게 되면, 그 사람에게 있어서 기능적 측면에서 일관성이 줄어들 가능성이 높아진다. 기능적 자아분화는 불안, 정서적 반응, 주관성에 의해서 영향을 받는다. 즉 기본적 자아분화는 스트레스, 각종 생활사건, 환경적 요인 등에 의해서 영향을 받아 기능적 자아분화로 나타난다. 이러한 것들은 인간관계에 의해서도 영향을 받기 때문에 기

---

51) *Ibid.*, pp.95-111.
52) Bowen, *op.cit.*, pp.362-373.

능적 자아는 인간관계의 맥락에서 이해되어져야 한다.

　자아분화수준에 따라 개인기능과 가족기능에서 나타나는 현상을 정리하면 다음과 같다.[53) 첫째, 심리내적 과정의 개념으로서의 '자아분화와 그 반대개념인 융합'은 지적 과정(목적지향적 활동)과 정서적 과정(감정지향적 활동)과의 상호관계를 의미한다. 자아분화가 높은 사람은 신중하며, 융통성이 있으며, 사려가 깊고, 상당한 정도의 스트레스 상황에 있을지라도 자율적으로 행동한다. 반면 자아분화가 낮은 사람은 융합의 정도가 높은 사람으로서 감정의 세계에 쉽게 빠져들거나, 정서성에 의해서 영향을 받으며, 미리 예측하는 것을 꺼려하거나 경직된 경향을 보인다. 또한 스트레스에 직면하면 이에 민감하게 반응하며 역기능으로 될 가능성이 높다. 둘째, 대인관계적 활동의 영역에서의 자아분화는 "가족관계 안에서 그리고 가족이외의 관계에서' 자신의 자아를 견실하게 유지시킬 수 있는 능력, 자신의 자아를 타인에게 양도하지 않고서도 관계를 유지시킬 수 있는 능력을 의미한다. 또한 이러한 대인관계의 맥락에서 자신에 대한 승인, 사랑, 평화스러운 상태 그리고 집단성에 합류하기 위해 본래 자기자신의 지적, 정서적 모습 등을 포기하지 않으며, 안정되고 편안하게 I-Position을 유지시킬 수 있는 능력을 의미한다. 자아분화가 높은 사람은 정상적이지 않은 불안에 쉽게 영향을 받지 않으면서, 그가 타고난 정서적 친밀성을 유지시키면서 인간관계를 지속시킬 수 있다. 반면 융합의 정도가 높은 사람은 스트레스의 수준이 아주 높거나 인간관계에서 거리감이 느껴지는 상황에 놓이게 되면, 자아감의 상실이라는 위협을 느끼게 된다. 지리적, 물리적으로 거리가 떨어져 있는 상태는 분화와 같은 의미가 아니다. 분

---

53) A. Hartman & J. Laird, *Family-Centered Social Work Practice*, (New York: The Free Press, 1983), pp.76-80.

화가 높은 사람은 자신의 삶을 위하여 가족들과 떨어져 살고 있더라
도 자기가족에 충실치 못하다는 느낌을 갖지 않는다. 그는 여전히 가
족들과 정서적으로 밀접한 관계를 맺으며 지낼 수 있다. 또한 가족들
과 지리적으로 가까운 거리에 살고 있더라도 가족관계에서 나타나는
강한 정서적 분위기에 빠져들지 않는다. 그는 어떠한 경우에도 '기본
적인 자아'를 잃어버릴 것이라는 두려움을 갖지 않음으로써, 경우에
따라서 가족과 비슷한 존재가 되기도 하며, 다른 존재가 되기도 하는
데 이러한 선택은 정서적 기능에 영향을 받지 않는 지적 기능에 의해
가능해진다. 셋째, 다세대적 과정의 영역에서 자아분화는 가족성원들
의 일부에서 나타나는 변화와 차이를 수용하는 능력을 의미한다. 자아
분화가 높은 가족은 가족성원들이 자율적으로 되는 것을 허용할 수
있게 된다. 융합의 정도가 극단적으로 높은 가족은 정신분열증 환자가
족을 예로 들 수 있다. 이러한 가족은 새로운 사고방식에 저항을 보이
며, 변화를 위협으로 경험하게 된다. 분화와 융합의 개념은 현존하는
가족체계에 적용시킬 수 있을 뿐 아니라, 다세대 전수과정을 통해서
과거의 가족체계에도 적용시킬 수 있다.

　　Bowen에 의하면 개인의 자아분화수준은 부모의 자아분화의 수준에
의해서, 성별, 형제순위, 가족관계의 질, 발달과정의 전환시점에 나타
나는 환경적 요인 등에 의해서 결정된다. 한 개인에 있어서 자아분화
수준의 안정성 여부는 그의 부모와 가족으로부터 떠나는 시점에 의해
서도 결정된다. Bowen은 미분화(다른 말로는 융합)의 전수를 설명하기
위해서 가족투사의 개념을 제시하였다. 이러한 투사과정을 통해서 부
모의 정서성은 그 부모의 자녀들에게 직접 영향을 미친다. 다세대전수
과정의 개념은 가족 안에서 나타나는 정서적 과정의 흐름을 설명하고
있으며, 여러 세대를 통해서 이루어지는 가족의 투사를 설명하고 있다.

(2) 정서적 과정

Skowron은 자아분화수준에 의해 나타나는 정서적 과정의 개념을 심리내적 기능(정서적 반응, I-Position)과 인간관계적 기능(정서적 단절, 타인과의 융합)으로 나누어 자아분화척도(the Differentiation of Self Inventory)를 개발하였다.[54] 본 연구에서는 이 척도로서 발달장애아동 어머니의 자아분화수준을 측정하였다. 따라서 정서적 과정으로서 4가지 기본개념인 정서적 반응, I-Position, 정서적 단절, 정서적 융합을 이론적으로 살펴보고자 한다.

첫째, 가족은 정서적 단위로 개념화된다. 인간은 그의 가족에서 특정한 기능적 지위를 가지고 태어나며 이러한 기능적 지위는 그의 생리적 기능, 심리적 기능, 사회적 기능에 영향을 미치면서 여러 세대에 걸쳐서 형성된다. 이는 정서적 과정, 감정, 주관적 과정에 연결되어 있다. 인간은 상호관계적인 맥락에서 기능하는데 관계체계의 균형에 변화가 오면 매우 민감하게 반응한다. 이러한 관계과정은 정서적 반응에 의해서 매개되어진다. 인간의 정서적 반응은 시각적 요인, 청각적 요인과 관련이 깊다.[55] 인간이 내적, 외적 자극에 대하여 정서적으로 반응을 보이게 될 때, 정서적, 감정적, 지적 수준에서 반응이 나타난다. 지적 수준에서 나타나는 반응은 정서와 감정(주관성)에 의해 영향을 받는 사고과정이다. 감정적 반응은 정서적으로 지배를 받는 자동적인 사고과정의 반응으로서 행동에 영향을 미친다. 가치, 믿음, 태도는 이와 같은 자동적인 사고과정의 반응으로서 전형적인 예가 된다.[56] 이

---

54) E. A. Skowron, "The Differentiation of Self Inventory; Construct Validation and Test of Bowen Theory", (Unpublished Ph. D. dissertation, The University at Albany, State University of New York, 1995). pp.1-7.

55) *Ibid.*, p.50.

와 같이 인간과 가족은 스트레스와 불안에 의해 영향을 받음으로써 정서적 체계의 균형이 깨어진다. 이때 정서적 반응이 나타나게 된다. 정서적 체계의 균형이 깨어지게 되면 이를 원상태로 회복시키려는 생명력으로서 개체성과 집단성의 상호작용이 나타난다. 만약 체계가 불안정하게 되면, 체계의 안정을 복원하려는 시도로서 집단성이 우세하게 된다.[57] 자아분화수준이 떨어지면 개체성의 성향은 줄어들게 되며, 집단성의 욕구는 더욱 강하게 나타난다. 이때 정서적 반응은 더욱 강하게 나타나며, 쉽게 유발되며, 주관성에 근거를 둔 태도는 더욱 영향력을 갖게 된다. 여기에서 정서적 반응의 강도는 정서와 감정을 격렬하게 밖으로 표출하는 것을 의미하지 않는다. 환경으로부터 압력을 받음으로써, 강박적이 되며, 우유부단해지며, 반응을 보이지 않는 사람은 히스테리적이 되거나 충동적이고 과잉행동을 보이는 사람과 같이 비슷한 정도의 정서적 반응을 갖되, 표출하는 모습이 다를 뿐이다.[58] Skowron은 정서적 반응이란 한 개인이 환경자극에 대해 자동적으로 반응을 보이는 정도를 반영하며, 각자 어떻게 반응할 것인가를 선택할 수 있는 능력의 정도를 반영하는 것으로 설명하였다. 이는 정서적 불안정성, 환경자극에 대한 정서적 반응의 강도, 타인에 대한 과민성 등을 의미한다. 정서성이 높게 나타난다면 사람들과의 관계에서 거리를 두려고 한다거나, 자신의 감정적 반응을 인식하지 못하는 개인에게서는 신체적 질병(고혈압, 각종 궤양성질환, 편두통 등) 등으로 나타날 수도 있다.[59] 이를 정리하면 정서적 반응은 자아분화수준과 깊은 관

---

56) *Ibid.,* p.32.
57) *Ibid.,* pp.64-67.
58) *Ibid.,* p.75n.
59) Skowron, *op.cit.,* p.31, p.66, p.107.

련이 있고, 만성불안과 스트레스에 의해 자극을 받아 관계체계의 균형
이 깨질 때 나타난다. 정서적인 과정에 의해 지배를 받는 자동적인 반
응으로서 정서적 반응은 지적 수준, 감정적 수준, 정서적 수준에서 나
타나며, 생리적 수준, 심리적 수준, 인간관계적 수준에서도 그 모습을
나타낸다.

둘째, I-Position에 대해서 Bowen은 한 가족성원이 자신의 신념과
믿음을 차분하게 말하며 이를 행동으로 옮기는 것으로 다른 사람의
신념에 대해 비판하지 않고 정서적 논쟁에 말려들지 않는 것을 의미
한다. 이렇게 되면 다른 가족성원들은 좀 더 본질적인 자기 자신이 되
려하며, 타인을 수용하는 정서적 과정을 보이기 시작할 것이라고 설명
하였다.60) I-Position은 협상의 여지를 두지 않는 자아의 표현이며, 신
념의 직접적인 표현, 자신의 고유한 생각과 감정을 분명하게 나타내는
것을 의미한다.61) 이에 대해서 Skowron은 명확한 자아감(sense of self)
을 갖는 것을 의미하며, 타인으로부터 다른 식으로 일할 것을 강요받
을 때 자신의 신념을 유지하는 능력을 나타내 주고, 다른 사람들과 지
나치게 밀접해지지 않은 채 그들과 적극적으로 관계를 유지할 수 있
는 능력을 의미한다고 설명하였다.62) 이를 정리하면 타인으로부터 정
서적으로 영향을 받지 않으면서 또한 그들과 정서적으로 떨어져 있거
나 단절되지 않은 상태에서 자신의 고유한 생각과 느낌, 신념 등을 명
확하게 표현하며, 이에 입각해서 행동하는 것을 의미한다.

셋째, 정서적 단절에 대해서 Bowen은 심리내적 기제 또는 물리적

---

60) Bowen, *op.cit.*, pp.252-254.
61) J. Klugman, "Enmeshment and Fusion", *Family Process*, 15(3)(1976), pp.321 -323.
62) Skowron, *op.cit.*, p.31, p.55, p.108.

거리에 의해서 나타나는 정서적 거리라고 설명하였다.63) Benswanger
은 가족들이 대립, 해체, 갈등하는 것을 막기 위해 가족들 간의 관계
가 소원해진 상태를 의미한다고 하였다.64) 정서적 단절이 어떠한 모
습으로 드러나는가 하는 것은 사람들이 그의 부모와 해결하지 못한
정서적 애착관계를 다루는 방법에 의해서 결정된다. 정서적 단절이란
현재의 생활을 위해서 과거(부모, 원가족, 확대가족)로부터 자신을 분
리해나가는 방법을 의미한다. 부모와 해결되지 않은 애착관계가 있는
경우, 부모와 가까이 살면서 자기(self)를 부인하거나 소외시키는 심리
내적인 과정으로 표현되거나, 물리적으로 부모로부터 떨어져 나오는
방법에 의해서 또는 정서적 소외와 물리적 거리를 동시에 사용하는
방법에 의해서 표현되기도 한다. 과거로부터 정서적 단절이 심하면 심
할수록, 그 사람은 자기의 결혼생활(핵가족)에서 부모세대의 가족문제
보다 더욱 심각한 형태의 가족문제를 나타낼 가능성이 높아지게 된다.
그리고 다음세대에 자신과 자녀와의 관계가 단절될 가능성이 더욱 높
아지게 된다. 심리내적 기제에 의해서 정서적 애착을 다루는 사람은
부모와 일정 수준의 지지적인 접촉을 유지하며, 생활 전반에서 그다지
긴장된 모습을 보이지는 않는다. 그러나 그가 스트레스상황에 처하게
되면 신체적 질병 또는 우울증과 같이 내면화된 증상을 일으키는 경
향이 있다. 이러한 상태가 심한 경우 그는 부모와 함께 사는 동안에
심리내적으로 자신을 소외시킴으로써 정신질환에 걸릴 수도 있다. 부
모와 지리적으로 떨어져 나온 사람은 충동적인 행동을 보이는 경향이

---

63) Bowen, *op.cit.*, p.535.
64) E. G. Benswanger, "Strategies to Explore Cut-offs", *The Therapist's Own Family toward the Differentiation of Self*, ed., Peter Titelman, (New Jersey : Jason Aronson Inc., 1995), p.191.

높아질 수 있다. 단절이 심하면 심할수록 다른 사람과의 관계에서도 부모와의 관계를 반복할 취약성이 더욱 높아진다. 그는 충동적으로 결혼할 수도 있다. 결혼관계에서 문제가 생기게 되면, 그 문제로부터 도망쳐 나오는 경향을 보인다. 자기 원가족으로부터 떨어져 나온 사람도 집을 결코 떠나지 못하는 사람과 다를 바 없이 정서적으로는 의존적이다. 그들은 똑같이 정서적으로 밀접한 관계를 필요로 한, 그러면서도 부모와의 정서적으로 밀접한 상태에 대하여 신경과민반응(allergic)을 보인다.[65] Skowron은 정서적 단절이란 친밀한 관계에서 위협받았던 과거의 경험에 의해 영향을 받으며 가족, 배우자 또는 친구들과의 관계 등 인간관계에서 나타나는 취약성에 대한 감정을 반영한다고 보았다. 인간관계에서 자신을 잃어버리고 휩쓸려 버린다는 두려움과 이러한 두려움에 대하여 방어하려는 행동들, 즉 과잉기능, 인간관계에서 거리를 두려고 하는 행동, 여러 가지 감정들에 대한 부인 등을 말한다.[66] 정서적 단절은 여러 세대에 걸쳐 존재하는 정서적 미분화를 다루는 방법을 의미한다. 세대 간에 정서적 미분화가 크면 클수록 또는 정서적 융합이 크면 클수록 여러 세대에 걸쳐 정서적 단절이 일어날 가능성이 커진다. 정서적 단절은 물리적 거리 또는 다양한 형태의 정서적 퇴행을 통해서 나타나기도 한다.[67] 사람들은 정서적으로 강하게 연관된 사람들과 '정서적 단절'을 하거나, 그러한 사람들과 관계를 갖게 되면 심각한 신체적 질병으로부터 극적으로 회복되기도 한다. 이러한 회복은 기능적 자아와 관련 있는 신체적 기질에서 기인한다.[68] 이

---

65) Bowen, *op.cit.*, pp.382－387.
66) Skowron, *op.cit.*, p.31, pp.55－56, pp.108－109.
67) Kerr & Bowen, *op.cit.*, p.271.
68) Kerr, *op.cit.*, pp.116－117.

를 정리하면, 정서적 단절이란 부모와의 해결되지 않은 정서적 애착으로 인하여 일어나는 정서적 반응의 한 유형으로서 핵가족, 원가족, 확대가족의 가족관계에서 나타나는 정서적 거리를 의미하며, 개인의 기능 및 정신신체적 증상에도 영향을 미친다.[69]

넷째, Bowen은 자아분화는 대인관계 과정과 불가피하게 관련되어 있다고 보았다. 융합이 높게 나타난 사람은 대인관계체계에 의존하고 있는데, 그는 어떠한 행동을 함에 있어서 자신의 독자적인 결정에 의한 행동보다는 '다른 사람을 기쁘게 해주거나 조정하기 위한 행동'에 중점을 둔다. 자아분화가 낮은 사람은 친밀한 대인관계에서 정서적으로 융합되어 있다.[70] 심리내적 분화, 대인관계적 분화, 다세대 간의 분화는 서로 연결되어 있다. 만약 어떤 사람이 자신의 원가족과의 관계에서 분화가 낮게 나타난다면, 그는 핵가족과 대인관계(일반사회적 관계)에서도 분화가 낮게 나타날 가능성이 높다. 이러한 사람은 정서적 요인이 지적 요인을 지배하고 있다는 의미에서 자아분화의 수준이 낮다고 볼 수 있다.[71]

정서적 융합은 개인적인 자아분화가 결여된 상태이다. 이는 I-position의 입장을 피하고 역동적인 인간관계를 회피하기 위하여 삼각관계를 사용하는 것을 의미한다. 정서적 융합은 친밀한 관계가 아닌데도 타인과 연결되어 있다는 잘못된 생각을 표현한다. 공생관계의 극단적인 예로서는 나는 너 없이는 살 수 없다거나, 나는 독립적이지 않다고 말하는 것이다. 정서적 융합의 정도가 강하면 강할수록 삶의 에너

---

69) 김중호, "정서적 단절로 인하여 나타나는 가족증상과 치료적 접근", 「서울장신논단」, 제9집(서울장신대학교, 2001), pp.256-273.
70) Kerr & Bowen, op.cit., p.146, p.170n, p.364, p.362.
71) A. Hartman & J. Laird, op.cit., p.85.

지는 정서적 체계의 균형을 유지하는 데 소모된다. 정서적으로 융합된 사람의 정서적 안정은 그가 정서적으로 융합되어졌다고 느끼는 사람의 행동에 의존한다.[72] Skowron은 융합이란 분화의 대인관계적 측면을 말하는 것으로 다른 사람과 친밀함의 정도를 예측하게 해주며 의미 있는 타인과의 정서적 관계에 있어서 과잉되게 개입된 정도, 부모와 과잉되게 동일시된 정도, 즉 의심 없이 부모의 가치, 신념 그리고 기대를 받아들이는 것 등을 의미한다고 설명하였다.[73]

3) 만성불안과 가족증상과의 관계

가족체계이론에서는 인간의 기능수준을 설명하는 2가지 중요한 변인으로서 자아분화와 만성불안을 설명하고 있다. 자아분화의 수준이 낮은 사람은 스트레스에 대한 적응력이 떨어진다. 인간관계체계 안에서 만성불안의 수준이 높은 사람은 적응력에 대한 부담이 커지게 된다. 스트레스에 대한 불안반응의 정도가 자신의 기능을 떨어뜨릴 만큼 크며, 그와 정서적으로 관련이 있는 사람의 기능을 손상시킬 만큼 크게 되면, 그의 적응력은 현저하게 떨어지게 된다.[74] 기능적 손상은 신체적 증상, 정서적 증상, 사회적 증상 등으로 나타나게 된다. 그러므로 증상이 나타나는 것은 첫째, 스트레스의 총량에 좌우되며, 둘째, 스트레스에 대한 개인의 적응력과 가족의 적응력에 달려 있다. 적응력의 수준이 높은 개인이나 가족에게서 증상이 나타나려면 상당한 량의 스트레스가 부과되어져야 할 것이다. 그러나 만성불안의 수준이 낮다면

---

72) J. Klugman, *op.cit.*, pp.321-323.
73) Skowron, *op.cit.*, p.31, p.56. p.109.
74) Kerr & Bowen, *op.cit.*, pp.112-133,

적응력의 수준이 낮은 개인이나 가족이라 하더라도 증상이 나타나지 않을 것이다.[75]

정서적 반응과 불안은 쉽게 구분되지 않는 과정들이다. 그러므로 가족체계이론에서는 두 개념을 교환적으로 사용하고 있다. 불안이 증가하면 혐오스러워하는 눈길, 공격, 싸움 등과 같이 다양한 형태의 정서적 반응이 나타나게 된다. 불안은 주관적 양상, 객관적 양상으로 정서적 반응을 보인다. 불안의 주관적 표시는 경계심을 높이며, 절박한 재난에 대한 두려움으로 나타난다. 불안의 객관적 표시는 반응이 잦아지며, 안절부절못하고, 심장박동과 혈압상승 등과 같은 자율신경체계가 변화된다.

유기체에 있어서 불안과 정서적 반응은 중요한 적응기능을 갖고 있다. 생물학적인 과정과 같이 과잉반응이나 과소반응은 유기체의 적응력을 떨어뜨리게 된다.[76] 또한 불안은 우울증을 동반하기도 하는데 이는 면역계의 균형을 깨뜨릴 수도 있다고 생각된다. 면역체계의 기본적인 기능은 감염에 대한 방어이다. 면역반응의 핵심은 특이성을 갖고 'non self'(자신이 아님)를 인지하고 기억하며, 이후 개체가 그 유기체의 침입을 퇴치, 저항하는 것이다. 면역기능이 저하되는 원인 중 가장 중요한 것을 보면 영양부족, 정신적, 정서적 피로가 겹칠 때, 마음의 불안정, 불안, 운동부족 등이다. 우울증에서는 우울한 정서, 우울증의 행동, 식사나 영양상태의 부족, 활동량 감소, 체중감소, 수면장애와 같은 우울증상이 면역기능의 변화를 초래할 수 있다. 정동장애에서 신경

---

75) *Ibid.*, p.112.
76) E. R. Kandal, "From Metapsychology to Molecular Biology: Explorations into the nature of anxiety", *American Journal of Psychiatry*, 140(1983), pp.1277-1293, Kerr & Bowen, *op.cit.*, p.113에서 재인용.

내분비계 이상이 온다는 사실에 근거하여, 부신피질 호르몬, 갑상선 호르몬, 성장호르몬, 성 호르몬(sex steroid) 등이 면역과정을 중재한다는 것이 밝혀졌다. 우울증과 면역기능과의 관계는 사별을 경험한 여성, 특히 우울증과 증상이 비슷하고 우울이 특징적인 사람들 중에서 임파구 기능의 변화가 있음이 관찰되었다.[77]

배우자 사별, 이혼, 부부갈등, 만성질환, 실직, 금전적 손실, 자녀비행, 장애아동의 양육 등과 같이 가족관계에 불균형 요인이 발생하면 스트레스와 만성불안이 나타나게 된다. 이와 관련하여 스트레스와 면역과의 관계에 대한 예를 살펴보면, 스트레스는 코티솔(CTR)의 분비를 촉진시키며, 코디솔은 부신피질 자극호르몬(ACTH), 엔돌핀 등 내분비계를 자극함으로써, 면역세포의 활동이 저하된다. 면역체계의 기능이 떨어지게 되면 암, 당뇨병, 고혈압, 갑상선 기능항진증, 류마티즘 등 만성질환이 발병할 수 있는 생리적 조건이 조성된다.[78][79]

이는 가족관계에서 경험하는 스트레스가 인체의 생리적 작용인 면역체계에까지 미치는 과정을 예시한 것이다. 정서적 체계인 가족은 서로 간에 정서적 과정으로 연결되어 있으므로 다른 가족성원의 생리적 기능에까지 영향을 미치게 됨을 의미한다.[80][81]

---

77) 오세중외, "우울증환자에서의 임파구 아형", 「정신신경의학」, 제29권 6호 (1990), pp.1262－1271.

78) 호시 게이코 저, 「스트레스와 면역」, 민병일 역, (서울 : 전파과학사, 1994), pp.56－86.

79) 한덕웅 외, 「인간의 마음과 행동」, 성균관대학교 응용심리연구소, (서울 : 박영사, 2001), pp.428－440.

80) Minuchin과 Baker는 아동이 가족에게 영향을 미치는 스트레스에 반응한다는 사실을 혈액표본실험을 통해서 밝혔는데, 스트레스로 인한 아동기의 정신신체적(psychosomatic) 질환은 가족관계에서 오는 불안이 신체에 미치는 생리적 반응을 가져올 수 있음을 시사한다. S. Minuchin, 「가족과

만성불안은 세포내적 체계(intracellular systems)에서 사회적 과정(societal process)에 이르기까지 광범위한 수준에서 나타난다. 특정한 사건과 생활상의 문제 등은 급성불안을 일으키는 요인이 된다. 반면 인간관계체계에서 균형을 깨뜨리는 장애에 대한 개인의 반응은 만성불안을 일으키는 요인이 된다.[82] 실제 사건이든 상상적으로 존재하는 사건은 가족체계의 균형을 위협하거나 장애를 가져올 수 있다. 일단 균형에 장애가 오게 되면, 사건 그 자체에 대한 반응보다는 가족체계의 균형이 깨어지는 현상에 대한 반응에 의해서 만성불안은 확산되어진다.[83]

자아분화수준이 낮은 사람은 일반적으로 만성불안의 수준이 높다. 자아분화가 낮은 사람에게는 정서적 반응이 높게 나타나게 되는데, 가족관계나 사회적 대인관계에서 정서적 요인에 의해 영향을 받아 자동적으로 행동하게 된다. 정서적 체계(감정적 체계)와 지적 체계를 구분할 수 있는 능력이 낮으므로 외부자극에 대하여 감정적 반응으로 대처할 가능성이 높다. 스트레스의 수준이 낮은 경우에도 쉽게 역기능적으로 반응하며, 정신신체적 증상이 나타날 수도 있다. 주로 정서적 체계(감정적 체계)에 의해 지배를 받게 되므로 가족관계와 중요한 사람과의 관계에서 정서적 융합 또는 정서적 단절이 쉽게 이루어지며, 삼각관계에 얽혀질 가능성이 높다.

반면 자아분화의 수준이 높은 사람은 비교적 만성불안의 수준이 낮다. 정서적 체계(감정적 체계)와 지적 체계를 구분할 수 있는 능력이 높으므로 외부자극에 대하여 지적 반응으로 대처할 가능성이 높다. 스

가족치료」, 김종옥 역, (서울 : 법문사, 1990), pp.21−23.

81) Kerr & Bowen, *op.cit.*, p.87, pp.112−115, pp.263−276.

82) *Ibid.*, p.113.

83) *Ibid.*, p.114.

트레스의 수준이 높은 경우에도 역기능적인 반응이 나오지 않게 된다. 정서적 반응(감정적 반응)보다는 지적 반응에 의해 대처하므로 가족관계와 중요한 사람과의 관계에서 정서적 융합 또는 정서적 단절이 쉽게 이루어지지 않으며, 삼각관계에 놓여질 가능성이 비교적 낮다.[84]

가족체계이론에서는 자아분화와 만성불안이 모든 임상적 문제의 원인과 과정에 영향을 준다고 가정하고 있다. 가족성원의 생각, 감정, 행동에 영향을 주는 이러한 변인들의 수준변화를 인식할 수 있다면, 가족치료의 실천에 많은 도움이 될 것이다.[85] 말하자면 자아분화의 수준이 가족성원들과의 관계, 일반사회적 환경에서 관계를 맺는 대인관계의 패턴에 영향을 주며, 이를 사회적 기능으로 설명할 수 있다는 의미이다.

불안이 개인과 가족에게서 표출되는 방법에는 2가지가 있다. 첫째, 불안이 가족에서 나타나는 방법은 거리, 갈등 그리고 조화로운 관계를 유지시키기 위한 적응 등이 있다.[86] 둘째, 불안이 개인에게 나타나는 방법은 다음과 같다. 인간관계에 따라 좌우되는 현상, 약물사용과 관련된 현상(약물, 알코올, 신경안정제, 마약), 식욕과 관련된 현상(비만, 병적 기아, 소식증, 식욕부진), 업무성취와 관련된 현상(overachievement, underachievement), 신체적 건강과 증상에 과민한 현상(신체건강, 신체적 증상), 동성애적 환상(homosexual fantasy), 금전과 관련된 현상(도박, 금전에 대한 집착이나 과다소비), 성격적 특성과 관련된 현상(강박증, 히스테리, 충동적 행동, 무기력, 공격성, 수줍음, 주제넘게 참견함, 미루는 버릇, 우유부단, 완벽주의, 과대망상, 과장, 낙천주의, 비관주의)

---

84) *Ibid.*, pp.94-97, pp.117-119.
85) Kerr, *op.cit.*, pp.111-119.
86) Kerr & Bowen, *op.cit.*, pp.77-88.

기타 현상(도덕주의자, 도덕관념이 없음, 절제, 이상화, 낭만주의) 등은
개인의 불안을 결속시키는 기제가 된다. 또한 특정한 장소 또는 활동들
역시 개인의 불안을 결속시키는 기제가 된다. 불안의 수준이 높아지면
이와 같은 개인의 특성들 또는 행동들이 분명하게 드러나게 된다.[87]

기본적 자아분화수준이 낮거나, 만성불안의 수준이 높아지게 되면 이
와 같은 증상들은 더욱 분명하게 나타나게 된다. 신념은 중요한 불안 결
속 기제가 된다. 신념이 불안 결속 기제가 되면 가짜−자아(pseudo−
self)의 일부가 된다. 정신질환수준의 사고과정은 현실과 환상을 구분하
는 능력이 현저하게 결여된 상태를 보여 주는 것이다. 정신질환 수준
의 사고과정은 매우 강력한 불안결속기제가 되는데 이러한 사람에게
서는 신체적 증상이 나타나거나 악화될 가능성이 낮다.[88] 하나의 과
정 또는 신체적 체계에서 불안이 결속되면 다른 체계를 보호하게 된
다. 이러한 상호관계적 기능(reciprocal functioning)의 과정은 내적인 신
체과정과 가족관계체계와 관련이 있는 것으로 보인다. 개인이 다루고
자 하거나 결속된 불안의 총량은 그 사람이 한 부분을 구성하고 있는
관계체계를 벗어나서는 설명할 수 없게 된다.[89] 한 개인에게 있어서
불안이 증가하게 되면, 집단성의 압력은 증가한다. 불안이 높은 시기
에 사람들은 똑 같이 생각하고 행동하려는 노력을 통하여 하나가 되
려고 한다. 불안이 증가하게 되면, 사람들은 정서적 접촉과 정서적 친
밀감의 욕구는 커지는 것을 경험하게 된다. 그리고 다른 사람으로부터
이와 비슷한 압력을 받게 되면 거리를 두거나 정서적으로 고립되고자
하는 욕구가 커지게 된다.[90]

---

87) *Ibid.*, pp.119−120.
88) *Ibid.*, pp.119−121. pp.120−121n.
89) *Ibid.*, p.87n.

이와 같이 불안은 개인에게 있어서 정신신체적 요인, 심리내적 요인에 영향을 미치거나 집단성의 압력에 영향을 미쳐 정서적 거리, 사회적 거리에 영향을 미친다. 불안결속으로 나타나는 개인의 행동이 역기능적으로 나타나게 될 때, 불안과 정서적 체계(개인과 가족)와의 역동적인 관계의 맥락에서 이를 관찰해야 할 것이다.

본 절에서 살펴본 가족체계이론의 관점에서 발달장애아동의 가족에서 나타나리라고 생각되는 현상을 가정하면 다음과 같다. 발달장애아동의 가족은 정서적 체계이다. 부모와 장애자녀는 정서적 과정으로 연결되어 있다. 부모의 기능적 자아분화수준은 그의 정서적(신체적), 심리내적, 대인관계적 기능과 임상적 현상(증상, 역기능 등)에 영향을 미치며, 핵가족의 정서적 투사과정을 통해서 자녀의 자아분화에도 영향을 준다고 본다. 본 연구에서는 발달장애아동 어머니의 기능적 자아분화의 수준은 가족기능, 어머니의 정신신체적 증상, 자녀의 장애에 대한 부모의 적응에 영향을 미치리라고 가정했다. 즉 한 가족성원의 기능적 자아분화의 수준은 가족체계에 영향을 주어 가족기능의 수준을 예측하게 하고, 그 사람의 정신신체적 증상을 예견할 수 있으며, 정서적 관계로 나타나는 부모와 자녀와의 관계 측면에서는 자녀의 장애에 대한 부모의 적응수준을 짐작하게 해준다고 보는 것이다.

2. 발달장애아동의 가족과 부모의 정서적 반응

본 절에서는 발달장애에 대한 개념, 발달장애아동의 특성, 이들 가

---

90) *Ibid.*, pp.121−126.

족의 특성과 가족기능 그리고 자녀의 장애에 대한 부모의 정서적 반응 등을 살펴보았다.

1) 발달장애아동에 대한 이해

미국 정신의학회는 광범위성 발달장애(pervasive developmental disorders)를 자폐성장애(autistic disorder), 레트장애(Rett's disorder), 아동기붕괴성장애(childhood disintegrative disorder), 아스퍼거장애(Asperger's disorder) 불특정 광범위성 발달장애(atypical autism 포함) 등으로 분류하고 있다.[91][92] 우리나라 장애인 복지법에 의하면 발달장애는 주로 자폐성 장애를 의미한다.[93] 미국의 발달장애원조 및 권리장전법의 발달장애아동에 대한 정의를 살펴보면[94] 정신장애, 신체장애, 또는 정신장애와 신체장애의 결합에 기인하며, 22세 이전에 나타나고, 무한으로 지속될 수 있으며, 다음과 같은 중요한 생활영역, 즉 자기보호, 수용 및 표현언어, 학습, 이동, 자기관리, 독립생활능력, 경제적 자급자족 중 세 가지 또는 그 이상의 영역에서 실제적인 기능상의 한계를 갖고, 평생 또는 장기간, 특수하거나 둘 이상의 다른 분야나 일반적인 보호, 처치, 기타 지원에 대한 요구를 반영하는 중증의 만성장애이다. 본 연구에서는 발달

91) 김승국·김은경 편역, 「발달장애인 직업교육과정」, (서울 : 교육과학사, 1997), pp.11-20.
92) 대한신경정신의학회, 「정신장애의 진단 및 통계편람」, 제4판, (서울 : 하나의 학회, 1994), pp.97-121.
93) 장애인복지법개정법률(법률 제5931호, 1999. 2. 8. 공포) 제2조 1항, (별표 1) 장애인의 장애등급표
94) Developmental Disabilities Assisstance and Bill of Rights Act of 1984/p.L 98-527, 김승국, *op.cit.*, pp.11-20.

장애(developmental disorder)[95]를 정상발달에 비교하여 사회성, 언어, 인지 등에 심각한 장애가 있어서 정상적 발달을 이루지 못하는 경우 즉 정신지체, 전반적 발달장애(자폐성장애), 학습장애 등을 포함하는 일반적 개념으로 정의한다. 2000년도 장애인실태조사보고서를 보면 발달장애(자폐성 장애)의 경우 '장애유형별 일상생활시 타인 도움정도'에 있어서 '남의 도움이 필요'가 82.1%로서 다른 장애보다 타인에 대한 의존율이 월등히 높게 나타나고 있다.[96] 장애는 직업적, 경제적, 의료적, 심리학적 그리고 사회적 요인을 포함하여 사람의 생활 전반적인 영역에 매우 심각한 영향을 미칠 수 있다. 따라서 가족에서 장애진단을 받은 경우 첫째, 장애아동 본인에게는 성장발달, 인지, 언어, 사회성의 발달 및 신변처리, 독립적인 일상생활과 성장과정상에 문제가 예상되며, 둘째, 어머니와 가족에게는 양육과 재활의 부담(장애아동의 의존성)과 자녀의 장애에 대한 심리적, 사회적 적응상의 문제, 가족성원들의 사회적 기능에 영향을 주고, 셋째, 장애아동가족이 사회환경과의 관계에 적응하는 과정에 문제를 야기시킬 수 있다.

2) 발달장애아동 가족의 기능

장애는 장애인 당사자뿐 아니라, 가족성원 개개인, 가정관리 등의

---

95) 「재활용어사전」, 서울장애인종합복지관, (1995), p.46.
96) 「2000년도 장애인 실태조사보고」, 한국보건사회연구원, (2001), p.10.
　　장애인의 약 61.0%는 거의 모든 일상생활을 타인의 도움 없이 혼자서 할 수 있으나, 나머지 39.0%는 타인의 도움이 필요한 것으로 나타났다. 특히 '장애유형별 일상생활시 타인 도움정도'에 있어서 발달장애에서 82.1%, 뇌경변장애에서 74.7%, 정신장애에서 62.2%의 장애인들이 타인의 도움을 필요로 하는 것으로 나타났다.

수준에서 가족전체에게도 지대한 영향을 미치게 된다. 실제적으로 발달장애아동의 부모는 장애아동양육, 재활과정참여, 의사결정, 재정부담 등에서 막대한 부담과 스트레스를 안고 생활하고 있다.[97][98] 중증장애 아동의 부모는 두 가지 중요한 위기에 마주치게 된다. 첫 번째는 생존하고 있는 장애아의 상징적 죽음이다. 자녀에 관한 희망을 갖고 있다가 자기 자녀가 중증장애아라는 사실을 알게 된 부모는 그 자녀의 상징적 죽음, 자녀에 대한 꿈과 희망의 상실로 고통을 겪게 되고 경우에 따라서는 심한 우울증에 빠지는 부모들도 있다. 두 번째는 장애아에게 매일 일상적 도움을 주어야 하는 문제로서 장애자녀에게 음식을 먹여주고 옷을 입혀주며 잠을 재우는 등의 어려움을 겪는다. 장애아는 정상발달의 과정을 거치지 못할 것이라는 생각이 그 아동을 독립적 성인으로 자랄 수 없게 하고 부모에게는 과중한 부담을 주게 된다. 부모가 죄인이라고 생각하는 경향은 부모 역시 희생자이며, 부모를 비난하기보다는 도움이 필요한 존재라는 인식으로 변화되고 있다.[99]

이와 같이 일반아동의 가족들과는 다른 독특한 경험을 하게 되는 장애아동의 어머니와 가족을 이해하려면 발달장애아동과 가족환경과의 관계에서 나타나는 가족기능에 관하여 이론적으로 살펴보는 것이 중요하다.

Farber와 DeOllos는 중증발달장애를 가진 아동이 가족성원의 삶에

---

97) J. Agosta & K. Melda, "Supporting Families Who Provide Care at Home for Children with Disabilities", *Exceptional Children*, 62(3)(1995), pp.271-282.

98) S. E. Herman & L. Thopson, "Families' Perceptions of Their Resources for Caring for Children With Developmental Disabilities", *Mental Retardation*, 33(2)(1995), pp.73-83.

99) S. A. Kirk, J. J. Gallagher, 「특수아동의 이해와 교육」, 김정권·한현민 역, (서울 : 도서출판 특수교육, 1996), pp.13-14.

미치는 영향에 대한 여러 학자들의 이론모델을 기능적 영향모델, 가족
위기모델, 다양한 가족조직모델 등으로 구분하여 설명하였다.[100] 첫
째, 기능적 영향모델(functional impact model)은 가족환경이 발달장애인
의 사회적 기능, 인지적 기능의 질에 미치는 영향에 초점을 두고 있
다. 기능적 영향모델에는 Mink모델과 체계모델(systems model)이 있다.
Mink의 모델은 가정 내에서 발달장애인의 기능을 강화해 주는 환경적
요인, 가정의 사회심리적 과정, 아동양육 태도와 실행 등 3개 영역의
변인으로 구성되어 있다. 그는 이 모델을 근거로 하여 훈련가능급 정
신지체장애아동의 가정을 5가지 유형으로 구분하였다. 유형1은 응집력
이 있으며 조화로운 가정으로서, 발달장애아동은 효과적인 적응행동,
높은 자아-존중감, 동년배친구들과의 호의적인 관계를 보인다. 유형2
는 통제중심의 약간 조화롭지 못한 가정으로서, 장애아동은 적응적 행
동이 떨어지며, 어느 정도 부적응 현상을 보이고, 낮은 자아-존중감
을 갖는다. 유형3은 개방적이지 않고 조화롭지 못한 가정으로서, 장애
아동은 가장 높은 수준의 적응행동을 보이며, 높은 수준의 자기-존중
감을 갖는다. 유형4인 아동지향적이고 표현을 많이 하는 가정에서는
장애아동이 자부심을 가지고 있는 반면 낮은 자아개념을 보인다. 유형
5는 사기가 낮으며 불리한 조건을 가진 가정으로서, 장애아동은 적응
적 행동이 떨어지며, 낮은 자기-존중감을 갖는다. 체계모델에서는 응

---

100) 발달장애아동 가족관계에서 나타나는 정서적 현상과 가족기능에 관하여
Farber와 DeOllos이 장애아동의 가족기능에 대한 3가지 모델을 소개하면
서 이론적으로 체계화시킨 문헌을 요약·정리한 내용이다. 이는 Bowen
의 가족체계이론에서 살펴보았던 정서적 체계, 정서적 과정 등의 개념
과 깊은 관련이 있다고 본다. B. Farber & I. DeOllos, "Incleasing
Knowledge on Family Issues : A Research Agenda for 2000", *Mental
Retardation*, (2000), L. Rowitz ed., pp.69-84.

집력, 적응성, 의사소통 등은 성공적인 가족상호작용의 핵심적인 결정
요인이 된다고 보았다. 이 모델의 연구는 이 요인들을 보여주는 가족
의 구조적 특성을 규명하는 데 관심을 둔다.

구조적 특성은 가족구성과 가족외적 체계(extrafamilial system)의 성
격, 문화적 양식(인종, 민족, 종교, 사회경제적 지위, 지리적 위치), 관
념적 양식(신념, 가치, 대처양식)을 포함한다. 이는 부모들이 가족생활
주기의 발달적 전환기에서 서로 협력하여 적응하도록 하는 데 도움이
된다. 특히 전환기(transitions)에 나타나는 발달장애아동의 특수한 욕구
에 대처하는 데 도움이 된다. 가족이 장애아동에게 미치는 영향에 초
점을 두는 기능적 영향모델의 관점은 발달장애아동의 문제를 다루는
교육적, 심리학적 치료에 유용하다. 그러나 이 모델은 장애아동을 중
심으로 하기 때문에 비장애가족성원에 대한 문제와 치료, 직장, 학교,
친구관계와 같은 가족 밖에서 비장애가족성원의 생활에 대해서는 다
루지 않고 있다. 결론적으로 이 모델에서 설명하고자 하는 요지는 가
족의 강한 응집력, 개방된 의사소통, 높은 협동성은 발달장애아동에게
서 높은 적응력으로 나타난다는 점이다.

둘째, 가족위기모델은 발달장애인의 존재가 가족기능의 질에 미치
는 영향에 관심을 둔다. ABCX모델과 스트레스 적응모델이 있다. Hill
의 ABCX모델은 가족이 스트레스를 경험하는 정도는 스트레스를 유발
하는 사건(A)의 기능이며, 가족의 위기-대처 자원(B), 그리고 가족이
스트레스 사건에 적용시키는 정의(C)와 상호작용을 하며, 가족위기(X)
가 나타난다. 이는 위기를 해결하려는 가족의 노력에 초점을 두고, 가
족의 문제해결능력, 대처능력, 수요-자원의 불균형을 해결하는 가족
의 능력을 강조한다. Wilker에 의하면 위기해결에서 중요한 핵심은 B
요인으로서 가족의 유용한 자원(사회적 지원, 재정, 신앙, 결혼의 질

등)이다. Farran 등의 스트레스 적응모델은 스트레스 사건과 가족성원의 적응능력과 관련된 변화에 관심을 갖는다. 앞에서 살펴본 기능적 영향모델, 가족위기모델에서는 가족을 사회적 실체로 보았고, 평형상태를 유지하려하며, 사건의 이전상태로 되돌아 가려한다는 가정을 하고 있다.

셋째, 다양한 가족 조직모델은 '가족이 발달장애인의 존재에 적응하려 노력한다'는 가족의 적응적 측면에 관심을 둔다. 즉 이 모델은 장애인가족으로서 받는 낙인을 피하고 우리가족은 '정상적'이라는 정체성을 갖으려는 가족경향과 관련이 있다. 다원론적인 가족패러다임으로부터 나온 이 모델의 관점은 정신지체 장애아동의 삶을 가능한 한 정상화 수준(normalization)으로 끌어올리자는 운동과 관련이 있다. '정상화' 관점은 Faber의 지속적인 최소한 적응모델(successive minimal adaptations model)과 일치한다. 이 모델에서는 어떤 시점에서건 가족성원의 개인적 성장과 자율성을 최대한 보장할 수 있도록 가족관계가 조직된다고 가정하고 있다. 결과적으로 어떤 문제가 나타날 때, 그 가족은 처음에는 문제 상황에 대하여 최소한의 변화를 시도할 것이다. 그러나 그 시도가 실패하게 되면 가족성원들은 다음의 변화를 계속적으로 시도하되, 매번 최소한의 변화를 시도하게 된다. 가족 외부로부터의 영향(외부의 자문, 다른 부모의 경험내용 등)이 없어도 계속적인 적응이 이루어질 수 있다. 그러나 그 사회에서 관찰될 수 있는 다양한 가족-역할패턴과 다른 부모들의 경험에서 얻은 지식 등은 그 가족의 의사결정에 영향을 미친다. 즉 사회적 관계망(친인척, 친구, 발달장애인에 관심을 갖는 모임들로 이루어진 하위 지역사회 등)은 부모들에게 민감하게 영향을 미치며, 가족생활에 일반적 변화를 가져온다.

Wilker는 이 모델과 관련하여 중증 장애아동을 둔 가족이 여러 해

동안 겪게 되는 변화에 따라 전환기에 나타나는 10가지 스트레스를
제시하였다.101) 장애아동의 부모들은 이러한 스트레스들로 인하여 불
안해하고, 곤란한 상태를 미리 예상하고, 생활변화와 관련된 결단에
대해 고민하게 한다. 가족에서 일어나는 스트레스는 정상적인 역할과
지위의 전환시기와 관련하여 일어나거나 혹은 장애아동과 관련하여
어려운 일들을 처리하는 시기에 일어난다. 전자와 관련된 시기는 ①
유아기(乳兒期)에서 걸음마시기(걷는 기능과 관련) ② 말하기를 통한
사회적 관계 ③ 유아원활동부터 학교활동까지 ④ 아동기부터 청소년
기까지(사춘기와 관련) ⑤ 청소년기에서 성인기까지(아동의 법적 연령
과 관련)로서, 각 전환시기는 주변여건과 관련하여 슬픔과 고통을 강
화시키기도 한다. 후자와 관련하여서는 ⑥ 정신적 취약성과 관련하여
지체(遲滯)에 대한 진단 ⑦ 가정 밖에서 장애아동이 지내는 생활공간
(놀이터, 도로 등)의 안전성에 대한 기대 ⑧ 장애아동의 사회적 형제
순위 역전(지체아동은 형제 가운데 막내의 지위를 갖게 됨) ⑨ 장애아
동의 신체적, 정신적 조건과 관련하여 행동치료, 의료적 치료 등에 계
속적으로 개입 ⑩ 자녀에 대한 양육권을 포기해야 하는 상황에서의
의사결정 등의 스트레스 상황이 있다. 가족성원들이 이와 같은 스트레
스 상황(요구들)에 적응하는 것은 주어진 여건에서 가장 '정상적이다'
라고 간주한다. 즉 다양한 가족 조직모델에서는 장애아동가족이 정상
에서 벗어나는 현상을 보이는 것은 그 가족의 균형이 깨어지거나 병
리적 현상이 나타나는 것으로 보기보다는 환경에 대해 통합된 반응을
보여주는 것으로 생각한다.

---

101) L. Wilker, "Chronic Stresses of Families of Mentally Retarded Children",
   Family Relations, vol.30(1981), pp.281-288. Farber & DeOllos, *op.cit.*,
   p.74.에서 재인용.

  기능적 영향모델과 가족 위기모델은 장애아동가족생활에서 정상적이
지 않은 요인(abnormal element)에 초점을 두고 있다. 전자는 발달장애
아동의 가족에게는 대처(어떤 가족은 효과적으로 대처할 능력이 없는
것으로 생각)에 대한 특별한 기술이 필요하다고 본다. 이와 비슷하게
후자는 발달장애아동의 존재를 스트레스 요인(stressor)으로 보며, 가족
성원들은 이러한 스트레스 요인에 대처해 나가려 노력한다고 본다.

  이들과는 다르게 다양한 가족 조직모델은 장애아동 자체에 초점을
두지 않는다. 이 모델에서는 발달장애아동의 존재를 전제할 때, 가족
성원들이 관심을 갖는 과업(미래를 예견하는 것, 가족 간에 화평한 관
계를 유지하는 일, 생계를 꾸리는 일, 친구와 친척과 관계를 갖는 일,
각종 의사결정을 하는 일, 레크리에이션 활동에 참여하는 일, 자녀를
더 낳는 일, 아동을 양육하고 훈련시키는 일)을 가족이 다루는 방법에
관심을 둔다.

  발달장애아동과 그 가족에 대해 기능적 영향모델은 가족이 장애아
동에게 미치는 영향을 설명하고 있다면, 가족위기모델은 장애아동의
존재가 가족에게 미치는 영향을 설명하고 있다. 다양한 가족조직모델
은 발달장애아동 자체에 초점을 두기보다는 장애아동의 양육과 재활
에 관련된 과업에 관심을 두고 있다.[102]

  그런데 Farber와 DeOllos가 구분한 기능적 영향모델, 가족위기모델,
다양한 가족조직모델 등은 중증발달장애를 가진 아동이 가족성원의
삶에 미치는 영향에 대한 이론적 모델들로서, 이 세 모델에서 일관되
게 다루는 개념은 가족 간의 정서적 관계에서 나타나는 정서적 과정
이다.

---

102) Farber & DeOllos, *op.cit.*, pp.74-75.

따라서 발달장애아동과 어머니 간의 관계는 정서적 과정에 의해서 연결되어진다고 보는 본 연구의 관점과 관련이 깊다고 생각된다. Wilker가 제시한 전환기의 스트레스는 장애아동부모가 겪는 정서적 어려움을 체계적으로 설명한 좋은 예가 되는데 이러한 요인들이 부모 특히 어머니의 기능적 자아분화에 영향을 미친다고 본다.

3) 자녀의 장애에 대한 부모의 정서적 반응

장애아동의 부모들은 자신의 자녀가 장애를 가졌다는 사실에 엄청난 충격을 겪는다. 장애아동의 출생에 대한 부모들의 반응은 매우 다양하며, 부모의 사회경제적 지위, 종교, 장애의 정도 등이 그에 영향을 미친다.

그러나 대부분의 부모들은 처음에 자녀의 장애를 수용하지 못하고 그 충격으로 인해 심각한 스트레스와 위기를 겪게 된다.[103] 슬픔과 비통[104]은 죽음 및 임종과 일차적으로 관련이 있다. 그러나 슬픔의 과정은 개인적으로 가치 있는 존재를 상실한 사람이 보이는 정서적 반응을 설명하기 위한 은유로 사용됐다. 사랑하는 사람, 애장품, 직업, 지위, 가정, 나라, 이념 등의 상실, 신체기능의 일부의 손상은 슬픔과 애

---

103) 이경화외, 「부모교육」, (서울 : 학문사, 1999), pp.335-342.
104) 사별(bereavement)은 단순히 생존상태를 의미한다. 이는 생존자가 상실에 대해서 실제적으로 반응하는 것을 의미하지 않는다. 비통(grief)은 생존자가 느끼는 불편한 상태에 대한 표현이다. 이는 감정적이고, 인지적이고, 생리적이고, 행동적인 장애를 수반한다. 애도(mourning)는 복잡하고 긴 과정이다. 이는 상실에 대한 쇼크와 부인(denial)으로 시작하여 외적인 상실과 복합적인 심리내적 변화의 융합을 받아들이는 쪽으로 진행된다. Collins, op.cit., pp.40-41.

도의 감정을 유발시킬 수 있다.[105] 이와 마찬가지로 자녀가 장애아로
태어난다든지 장애를 가진 것으로 진단을 받았다면, 그 부모는 슬픔의
과정에 비유되는 정서적 반응을 경험할 수 있다. 부모들은 신체의 일
부가 없거나 결함을 지닌 채 자녀가 태어났다는 이유로, 자존심이 상
한다는 이유로, 장애아동의 양육에 따르는 부담과 스트레스로 인해 삶
의 질이 저하된다는 이유로, 슬픔과 비통에 싸이게 된다.[106] 비통과
애도의 경험은 장애아동을 양육하는 일과 관련하여 부모가 겪는 초기
의 정서적 충격과 계속 지속되는 스트레스에 대한 정서적으로 필수적
인 반응이다.[107] 여기에서 장애아동에 대한 부모의 정서적 반응을 병
리적으로 보지 않는 것[108]이 중요하다. 앞에서 살펴보았듯이 비통과
애도 반응의 표현은 장애아동에 대한 초기의 정서적 충격과 장애아
동을 양육하는 데 따르는 계속적인 스트레스에 대한 정상적, 자연적,
자동적, 필수적인 반응으로서 장애아동 어머니와 그 가족에게서 나타
나는 정서적 현상이다.

본 연구에서는 이러한 정서적 현상이 가족의 정서적 과정과 기능적
자아분화에 영향을 주는 요인으로 보았다. Bowen은 이러한 정서적 과
정에 의해서 선택된 장애아동인 경우 핵가족의 정서적 투사의 대상,
즉 가족불안을 투사시키는 표적이 된다고 하였다.[109]

이를 정리하면 아동의 출생으로 인한 어머니와 자녀와의 관계는 어
머니의 불안과 정서적 욕구에 의해서 우선적으로 영향을 받는다. 아동

---

105) G. L. Engel, "Grief and Grieving", *American Journal of Nursing*, vol.64
    (1964), pp.93−98.의 내용은 *Ibid.*, p.37.에서 재인용
106) *Ibid.*, pp.37−38.
107) *Ibid.*, p.81.
108) *Loc.cit.*
109) Kerr & Bowen, *op.cit.*, pp.193−220.

의 정서적 의존의 정도는 가족으로부터 아동이 정서적으로 분리하는 과정에 영향을 미친다. 특히 아동의 기능과 관련하여 어머니에게서 나타나는 불안은 어머니와 자녀 간의 분리를 방해하며, 비분화로 나타나게 된다. 이는 어머니의 기능적 자아분화에 영향을 미치고, 어머니의 자아분화수준은 장애자녀의 기본적 자아분화를 형성하는 데 부정적 영향을 미칠 수 있으며, 장애아동의 기능적 자아분화의 수준으로 나타난다.

3. 선행연구

가족체계이론의 중심개념인 자아분화에 관한 연구로서는 Bowen이 자아분화의 기본적 수준을 이론적으로 설명하기 위한 수단으로서 자아분화척도(the scale of differentiation)의 개념을 만들었다. 그는 이론적 개념으로서의 척도를 0부터 100까지 4등분하여 0-25, 25-50, 50-75, 75-100로 나누었으며, 각 수준별로 나타나는 자아분화의 특성을 설명했다. 이는 임상적 관찰, 경험, 직관에 의해서 자아분화수준을 설명하기 위한 목적을 갖고 있으며, 사회경제적 수준이나 지능과는 직접적인 연관성이 없는 것으로 알려져 있다.[110][111]

Skowron과 Friedlander는 1998년 자아분화척도(The Differentiation of Self Inventory)[112]를 만들었으며, Skowron은 그녀의 박사학위논문에서

---

110) *Ibid.*, pp.97-107.
111) Bowen, *op.cit.*, p.306, pp.472-475.
112) E. A. Skowron & M. L. Friedlander, "The Differentiation of Self Inventory: Development and Initial Validation", *Journal of Counseling Psychology*,

이를 수정, 보완하여 DSI-2(Differentiation of Self Inventory-2)를 개발하였다.113) 이는 정서적 반응과 I-Position을 나타내는 심리내적 요인과 정서적 단절과 융합을 설명하는 인간관계적 요인으로 구성된 척도이다. 1단계 연구에서는 DSI를 개정하기 위해서 169명의 성인을 대상으로 사회적 적합성 척도(SDS, social desirability scale)와 DSI척도를 동시에 사용하여 검사하였으며, 정서적 반응, I-Position, 정서적 단절, 타인과의 융합 등 4가지 하위척도와 SDS척도의 상호간에 보통정도의 상관관계를 보였다. 2단계 연구에서는 127명의 성인을 대상으로 개정된 DSI-2척도, Hopkins 증상척도(HSCL), 부부적응척도(DAS, Dyadic Adjustment Scale)로 검사하였다. 확인적 요인분석(CFA)의 결과 4가지 요인(하위척도)에 대해서 확실하게 지지해주고 있다. 본 연구는 이 논문에서 제시된 DSI-2척도를 번안하여 사용하였다. DSI-2는 Bowen 이론을 검증하는 데 유용한 도구로서 심리치료의 결과를 파악할 수 있는 도구로서 활용할 수 있음을 보여 주었다.

Skowron114)은 결혼관계의 질과 자아분화간의 관계에 관한 Bowen의 이론적 전제에 대하여 조사하였다. 부부의 자아분화수준은 결혼적응에 있어서 남편의 결혼적응점수에 있어서는 74%의 변량, 부인의 결혼적응점수에 있어서는 61%의 변량을 설명해주고 있다. 남편의 정서적 단절이 크게 나타나게 될 때, 부부간의 결혼갈등이 나타나는 것으로 설명하고 있다. 가족체계이론과는 상반되는 현상으로서, 무작위적으로 짝을 이룬 남녀 쌍의 자아분화가 비슷하지 않는 것처럼 실제적인 부

---

vol.45.(3)(1998), pp.235-246.

113) E. A. Skowron, op.cit., pp.1-24.

114) E. A. Skowron, "The Role of Differentiation of Self in Marital Adjustment", Journal of Counseling Psychology, vol.47(2)(2000), pp.229-237.

부의 자아분화도 비슷하지 않는 것으로 나타났다. 정서적 단절과 정서적 반응의 요인에 있어서 부부간에 상보성(complementarity)이 높게 나타나면, 결혼갈등이 클 것이라고 예측할 수 있음을 검증하였다. E. Richards의 연구115)에서는 Bowen이 이론적으로 자아분화의 수준을 결혼관계와 가족기능을 관련시켜 설명한 점에 착안하여, 가족생활주기에서 3, 4의 스트레스 단계에 있는 60쌍의 부부를 대상으로 자아분화수준척도(the level of differentiation of self scale)에 의해 측정된 자아분화수준(정서적 성숙과 정서적 의존), Locke-Wallace의 결혼적응척도에 의해 측정된 결혼 적합성(compatibility)의 수준, 가족적응성과 응집력평가척도Ⅲ(the Family Adaptability and Cohesion Evaluation Scales Ⅲ)에 의해 측정된 가족 단위기능(가족응집력, 가족적응성)을 측정하였다. 자아분화와 결혼 적합성과의 관계, 자아분화와 가족기능과의 관계에서 통계적으로 유의한 결과를 발견하였다. 이 연구에서 자아분화의 수준이 비슷한 사람과 결혼하게 된다는 Bowen의 개념은 지지되지 않았다.

우리나라에서 자아분화에 관한 연구를 살펴보면 제석봉은 자아분화 척도를 우리나라에서 최초로 개발하였다. Bowen이론에서 자아분화를 구성하는 다섯 개의 구성개념을 바탕으로 120개의 문항을 제작하여, 고등학생과 대학생을 대상으로 조사했다. 조사의 결과, 첫째, 자아분화와 스트레스는 각각 역기능적 행동에 영향을 미친다는 사실을 발견하였다. 그러나 자아분화와 스트레스의 상호작용효과는 발견되지 않았다. 그렇지만 자아분화와 역기능적 행동의 관계를 볼 때, 자아분화척

---

115) E. Richards, "Self Reports of Differentiation of Self and Marital Compatibility as Related to Family Functioning in the Third and Fourth Stages of the Family Life Cycle", (Ph. D. doctoral Dissertation, Adelphi University, 1987).

도 전체뿐 아니라, 다섯 개의 하위척도 모두 분화의 수준이 낮을수록 역기능적 행동이 많이 발생한다는 사실이 밝혀졌다. 둘째, 자아분화 수준에 따라 어떤 정신 내적 적응양식, 즉 어떤 대처기제와 방어기제를 사용하고 있는지를 살펴본 결과, 자아분화수준과 대처기제들은 그리 높은 상관은 아니나 대부분 0.1% 수준에서의 유의미한 정적 상관을 나타냈다.

따라서 자아분화수준이 낮은 사람은 합리화, 의혹, 퇴행, 억압 등의 방어기제를 많이 사용한다는 사실을 알 수 있다. 자아분화 수준이 높은 집단과 낮은 집단 간에 대처기제와 방어기제를 사용하는 데 유의미한 차이가 있는지 살펴보기 위해 t검증을 해본 결과, 상기 결과와 동일한 현상이 나타났다.[116] 전춘애는 결혼지속년수 10년까지의 부부들을 대상으로 출생가족 및 생식가족의 상호작용에 의해 형성되는 자아분화수준과 각자의 출생가족에 대해 지각한 정서적 건강수준이 부부의 결혼 안정성에 미치는 영향에 관심을 갖고, 세대전이개념에 근거한 Bowen의 가족체계이론이 부부의 결혼안정성에 유용하게 적용할 수 있는지를 검증하였다.[117]

---

116) 제석봉, "자아분화와 역기능적 행동과의 관계-Bowen의 가족체제이론을 중심으로" (박사학위논문; 부산대학교 대학원, 1989), pp.81-92.
117) 전춘애, "부부의 자아분화수준과 출생가족에 대한 정서적 건강 지각이 결혼안정성에 미치는 영향" (박사학위논문; 이화여자대학교 대학원, 1994), pp.35-72.

제 **3** 장

연구방법

1. 연구대상 및 표집방법

본 연구의 연구대상은 1-18세 사이의 발달장애아동을 둔 어머니들로서 장애아동 어머니의 만성불안과 기능적 자아분화가 가족기능, 어머니의 정신신체적 증상, 자녀의 장애에 대한 부모적응에 미치는 영향을 파악하고자 한다. 이를 위해 서울과 경기도에 있는 조기특수교육실, 특수학교, 장애인복지관, 소아정신과 병원을 다니는 장애아동의 어머니를 대상으로 하였으며, 조사기간은 2001년 10월 8일부터 11월 5일까지로 하였다. 조기특수교육실 11곳, 특수학교 12곳, 지역사회장애인복지관 8곳을 선정하여 총 31기관에 질문지 1,500부를 전달하였으며, 이 중 회수된 질문지는 424부이다. 회수율은 약 28.26%이다. 회수된 질문지 중 응답이 불분명하거나 누락된 질문지 51부를 제외한 373부를 통계분석자료로 정했다.

2. 연구변인

이론적 배경 및 연구변인을 측정하는 각 척도들의 설명하는 자료에 입각하여 연구변인에 대한 조작적 정의를 정리하면 다음과 같다.

첫째, 기능적 자아분화는 자아분화의 기능적 수준을 의미하며, 지적 과정과 정서적 과정을 구분할 수 있는 능력, 정서적 요인과 지적 요인과의 분화정도, 원가족과 분리할 수 있는 개인의 능력 등을 의미한다.

둘째, 가족기능은 가족의 일상생활에서 해결해 나가는 데 필요한 기본적 과업영역(가족이 음식물, 금전, 교통수단, 안식처 등을 제공하는 것), 성장발달의 과업영역(가족이 가족성원개인의 수준에서는 유아기, 아동기, 청소년기, 중년기, 노년기의 위기를 다루는 것이며, 가족단위의 수준에서는 결혼, 첫 임신, 막내자녀의 독립 등과 같은 가족단위의 과업을 처리해 나가는 것), 가족위기 과업영역(질병, 사고, 경제적 수입의 상실, 직업 변화 등을 다루는 것) 등의 의미를 포함하며, 문제해결, 의사소통, 역할, 감정적 반응, 감정적 관여 및 행동통제 등의 차원들을 포함하는 포괄적 의미를 갖는다.

셋째, 정신신체적 증상은 심리학적으로 다양하게 나타나는 정신적, 신체적 증후군을 의미하며, 신체화 증상, 강박장애, 인간관계에서 나타나는 민감성, 우울증, 불안 및 일반적 증상을 포함한다.

넷째, 자녀의 장애에 대한 부모적응은 부모의 장애자녀에 대한 적응수준을 의미한다.

다섯째, 만성불안은 유기체가 실제하는 혹은 상상의 위협에 대하여 보이는 반응으로서 유기체의 정서적 체계가 위험을 인식하였을 때 반응으로 나타나는 신체적 변화, 생리적 변화와 관련이 있다. 급성불안은 현재 존재하는 위협에 대한 지각이 존재하는 동안에만 나타나며, 만성불안은 앞으로 일어날지도 모르는 것과 오랫동안 지속될 수 있는 것에 대한 두려움으로 나타나는 것이며, 개인을 둘러싼 조건에 관계없이 지속되는 신체적, 심리적 변화를 가져온다.

3. 연구모형 및 가설의 설정

1) 연구모형

본 연구의 이론적 배경에 입각하여 변인들 간의 관계를 나타내주는 연구모형을 구성하면 다음의 그림1과 같다. 어머니의 만성불안은 기능적 자아분화에 영향을 미치고 기능적 자아분화는 가족기능, 정신신체적 증상, 자녀의 장애에 대한 부모의 적응에 영향을 미칠 것이다.

[그림 1] 연구모형

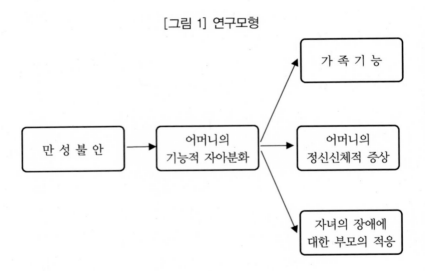

2) 가설의 설정

연구모형에 입각하여 본 연구에서 밝혀 보고자 하는 연구가설을 정리하면 다음과 같다.

(1) 만성불안과 기능적 자아분화과의 관계

기본적 자아분화는 스트레스, 각종 생활사건, 환경적 요인 등에 의해서 영향을 받아 기능적 자아분화로 나타난다. 그런데 이러한 요인들은 인간관계에 의해서도 영향을 받기 때문에 기능적 자아는 인간관계의 맥락에서 이해되어져야 한다. 일반적으로 기본적 자아분화의 수준이 낮은 사람은 만성불안의 수준이 높으며, 만성불안(스트레스)의 수준은 기능적 자아분화의 수준에 영향을 미치게 된다. 장애아동의 양육과 관련된 가족환경 등과 같은 심리사회적 요인 등은 부모(특히 어머니)에게 만성불안으로 영향을 미치리라는 생각을 할 수 있다. 따라서 만성불안은 자아분화수준에 영향을 미친다는 Bowen의 이론적 가정을 기반으로 다음과 같은 가설을 설정하였다.[118]

가설 Ⅰ. 만성불안은 어머니의 기능적 자아분화에 부적인 영향을 미칠 것이다.

(2) 기능적 자아분화와 가족기능, 정신신체적 증상, 장애아동에 대한 부모의 적응과의 관계

만성불안으로부터 영향을 받은 기능적 자아분화는 정서적 반응에 영향을 미침으로써 개인과 가족의 기능에 영향을 주게 된다. 자아분화의 수준이 낮은 사람은 정서적 체계(감정적 체계)와 지적 체계를 구분

---

118) 가설 Ⅰ은 Kerr & Bowen, op.cit., p.74n(불안), p.75(만성불안), p.131(만성불안과 주관성과의 관계), pp.121-126(불안과 집단성과의 관계), pp.77-80, pp.117-119, p.226n(불안과 자아분화와의 관계), pp.232-233(스트레스와 자아분화와의 관계), p.123(스트레스에 대해서 보이는 가족의 반응) p.320n(불안과 정서적 반응과의 관계)을 참고하였다.

할 수 있는 능력이 낮으므로 외부자극에 대하여 감정적 반응으로 대처할 가능성이 높으며, 스트레스의 수준이 낮은 경우에도 쉽게 역기능적으로 반응하며, 정신신체적 증상이 나타날 수도 있다. 증상이 나타나는 것은 첫째, 스트레스의 총량에 좌우되며, 둘째, 스트레스에 대한 개인의 적응력과 가족의 적응력에 달려 있다. 적응력의 수준이 높은 개인이나 가족에게서 증상이 나타나려면 상당한 량의 스트레스가 부과되어져야 할 것이다. 그러나 만성불안의 수준이 낮다면 적응력의 수준이 낮은 개인이나 가족이라 하더라도 증상이 나타나지 않을 것이다. 정서적 반응과 불안은 쉽게 구분되지 않는 과정들이다. 따라서 만성불안에 의해서 영향을 받은 기능적 자아분화의 수준은 개인기능과 가족기능의 수준에 영향을 미친다는 Bowen의 이론적 가정을 기반으로 다음과 같은 가설을 설정하였다.[119) 본 연구에서는 개인과 가족의 기능을 가족기능, 정신신체적 증상, 장애자녀에 대한 부모적응으로 보았으므로 이 변인들의 수준에도 영향을 미치는 것으로 보았다.

---

119) 가설 Ⅱ-1, Ⅱ-2, Ⅱ-3은 *Ibid.*, pp.232-233(스트레스와 자아분화수준), p.86(스트레스와 임상적 증상들), pp.243-244(만성불안과 신체적 증상), p.78(불안의 결속방법과 임상적 증상), p.336(자아비분화와 임상적 증상들), p.257(자아분화수준과 임상적 증상들), p.242n(기능적 자아분화와 가족기능의 손상), pp.99-100(기능적 자아분화 수준의 변화), pp.85-86(임상적 증상과 개인과 가족의 적응), pp.57-58(임상적 증상과 관계과정), p.114 (체계의 불균형과 임상적 증상들) pp.196-201, pp.208-213, pp.268-269(어머니, 부모와 자녀와의 관계), pp.272-273(가족체계의 기능), pp.29-30(정서적 체계와 관계체계), pp.265-271(체계의 불균형과 임상적 증상들), p.177, p.369(가족기능)을 참고하였다.

가설 Ⅱ-1. 기능적 자아분화는 가족기능에 부적인 영향을 미칠 것
　　　　　이다.

가설 Ⅱ-2. 기능적 자아분화는 정신신체적 증상에 부적인 영향을
　　　　　미칠 것이다.

가설 Ⅱ-3. 기능적 자아분화는 자녀의 장애에 대한 부모적응에 정
　　　　　적인 영향을 미칠 것이다.

(3) 만성불안의 수준에 따라 기능적 자아분화가 가족기능, 정신신체적 증상, 장애아동에 대한 부모적응에 미치는 영향력의 차이

가족체계이론에서는 자아분화와 만성불안을 인간의 기능수준을 설명하는 두 가지 중요한 변인으로 본다. 스트레스에 대한 불안반응의 정도가 자신의 기능을 떨어뜨릴 만큼 크며, 그와 정서적으로 관련이 있는 사람의 기능을 손상시킬 만큼 크게 되면, 그의 적응력은 현저하게 떨어지게 된다. 만성불안의 수준에 따라 개인 간에 차이가 있는 것으로 알려져 있다.[120] 만성불안으로 인한 기능적 손상은 신체적 증상, 정서적 증상, 사회적 증상 등으로 나타나게 된다. 만성불안은 기능적 자아분화의 수준에 영향을 미친다. 또한 만성불안의 수준에 따라서 기능적 자아분화가 개인과 가족의 기능에 미치는 영향력의 정도에도 차이가 있을 것이라고 본다. 즉 만성불안의 수준이 높으면 기능적 자아분화는 개인과 가족의 기능과 관련된 변인들에 더 강하게 부정적으로 영향을 미칠 것이다. 이는 역으로 만성불안의 수준이 낮으면 기능적 자아분화가 부정적으로 영향을 미치는 정도가 약하게 나타날 것이다.

120) *Ibid.*, pp.115-117.

이러한 사실을 기반으로 하여 다음과 같이 가설 Ⅲ을 설정하였다.

　가설 Ⅲ. 만성불안의 수준에 따라서 기능적 자아분화가 가족기능,
　　　　　정신신체적 증상, 부모적응 등에 미치는 영향력에 있어서
　　　　　차이가 있을 것이다.

4. 측정도구

1) 연구변인과 척도

　본 연구에서는 연구변인으로서 기능적 자아분화, 가족기능, 정신신체적 증상, 자녀의 장애에 대한 부모적응 그리고 부모의 만성불안 등을 측정하기 위하여 5종의 측정도구와 일반적 사항에 대한 질문지 1종을 사용하였다.

(1) 기능적 자아분화와 DSI-2

　기능적 자아분화의 수준을 측정하기 위하여 Skowron이 개발한 DSI-2(The Differentiation of Self Inventory-2)[121)]를 번안하여 사용하였다. DSI-2는 43개의 질문문항, 4개의 하위척도로 구성된 6점-likert척도이다. 첫째, 정서적 반응은 11개의 문항으로 이루어졌으며, 이 척도의 모든 항목은 역산된다. 이 척도의 점수가 높으면 낮은 수준의 정서적 반응을 나타낸다고 보며, 이는 높은 수준의 자아분화를 의미한다. 둘

---

121) Skowron, *op.cit.*, pp.66-71.

째, I-position은 11개의 문항으로 이루어졌으며, 35번 문항만이 역산된다. 이 척도의 점수가 높으면 대인관계에서 I-position을 견지할 수 있는 능력이 크게 나타난다고 보며, 이는 높은 수준의 자아분화를 의미한다. 셋째, 정서적 단절은 12개의 문항으로 이루어졌으며, 모든 항목의 점수는 역산된다. 이 척도의 점수가 높으면 정서적 단절의 수준이 낮음을 의미하는데, 이는 곧 자아분화의 수준이 높음을 반영한다. 넷째, 타인과의 융합은 9개의 문항으로 이루어졌으며, 모든 항목의 점수는 역산된다. 이 척도의 점수가 높으면 정서적 융합의 수준이 낮음을 의미하며, 이는 자아분화의 수준이 높음을 반영한다. DSI-2의 4가지 하위척도의 점수를 산정하기 위해서는 정서적 반응, 정서적 단절, 타인과의 융합 등의 전체 항목들과 IP의 35번 질문지에 기입된 원래의 점수는 위에서 언급한 바와 같이 역산된다. 4개 하위척도에서 각각의 점수가 높으면 자아분화의 수준이 높음을 의미한다. 4개의 하위척도의 점수를 계산하기 위해서 원점수는 합계를 내고 이를 하위척도를 구성하는 항목 수로 나눈다. 이와 같은 방법으로 산정된 하위척도의 각 점수들은 1에서 6 사이의 범위에 있게 된다. 높은 점수는 자아분화의 수준이 높음을 의미한다. 각 하위척도의 합계는 위에서 언급한 바와 같이 역산된 항목들에 의해서 얻어진다. 각 하위척도의 값을 합하면 DSI-2의 전체점수가 얻어진다. 총점의 범위는 43에서 258까지로 높은 점수는 높은 수준의 자아분화수준을 나타내 준다. 이 척도의 신뢰도 계수(Chronbach's α)는 연구문헌에서는 0.88, 본 연구를 위한 예비조사에서는 0.76, 본 조사에서는 0.77로 나왔다.

(2) 가족기능과 FAD

가족기능을 측정하기 위해서는 가족평가척도(FAD, Family Assessment Device)[122]를 번안하여 사용하였다. 이 척도의 목적은 McMaster Model에 따라 가족의 기능을 평가하기 위한 것이다. 척도의 유형은 60개 문항, 7개의 하위척도(하위변인)로 구성된 4점-likert척도이다. McMaster 모델은 가족의 구조적, 직업적 특성과 의사소통의 특징을 기술하고 있으며 가족의 기능을 문제해결, 의사소통, 역할, 감정적 반응(affective responsiveness), 감정적 관여(affective involvement) 및 행동통제의 6가지 차원으로 설명하고 있다. 따라서 이 모델을 근거로 개발된 FAD는 이들 차원을 측정하기 위한 6가지의 하위척도와 그 외에 7번째 하위척도인 일반적 기능으로 이루어져 있다. 이 척도는 임상가들이 가족기능을 평가할 때 사용하는 임상적인 평가척도로서 활용할 수 있다. 각 문항의 점수는 전혀 그렇지 않다는 1, 대체로 그렇지 않다는 2, 조금 그렇다는 3, 매우 그렇다는 4로 측정되며, 건강하지 못한 기능을 나타내는 항목들은 역산된다. 점수가 낮을수록 더 건강한 기능을 하고 있음을 나타내는 것이다. 각 항목의 응답점수들을 합산하여 평균을 냄으로써 7개 척도점수를 건강한 1.0부터 건강하지 못한 4.0까지의 범위 내에서 설명하게 된다. 7가지 하위척도 중에서 마지막 7번째인 일반적 기능을 분석에서 빼버리면 나머지 6개의 하위척도들은 상대적으로 독립적인 것으로 나타난다. 이 척도의 신뢰도 계수(Chronbach's α)는 연구문헌에서는 0.88, 본 연구를 위한 예비조사에서는 0.65, 본 조사에서는 0.91로 나왔다.

---

122) N. B. Epstein et., "The MacMaster Family Assessment Device", *Journal of Marital and Family Therapy*, 9(2)(1983), pp.171-180.

(3) 정신신체적 증상과 HSCL

정신신체적 증상을 측정하기 위해서는 Hopkins증상척도(HSCL, Hopkins Symptoms Cheklist)[123]를 번안하여 사용하였으며, 이 척도의 목적은 다양한 심리학적 증후군(symptomatology)을 평가하는 데 있다. 척도의 유형은 총 58개 문항으로 이루어진 자기-보고식 4점-Likert Scale이다. 이 척도는 5개의 증상유형과 1개의 일반적 증상유형을 측정하는 6개의 하위척도로 구성되어 있다. 측정내용은 다양한 심리학적 증후군을 평가하기 위하여 각 항목들은 '지난 7일 동안에 경험했었던 불편함'을 반영시키는 것으로서 1점 전혀 아니다에서 4점 매우 그렇다까지이다. 하위척도(하위변인)의 내용으로서 신체화 증상(somatization) 12개 문항으로 구성되며, 신체적 역기능을 인식하게 되면서 나타나는 고통(distress)을 말한다. 심장혈관계통, 소화기계통, 호흡기계통, 그리고 자율신경계통을 중심으로 나타나는 증상들을 포함한다. 두통, 근육조직에서 국부적으로 나타나는 통증과 불편함, 그밖에 불안으로 인하여 나타나는 신체화증상 등을 말한다. 강박장애는 8개 문항으로 구성되며, 임상적으로 강박장애로 진단받았을 때 나타나는 임상적 증상과 매우 흡사한 증상들을 말한다. 한 개인이 끊임없이, 저항할 수 없을 정도로 경험하지만 자아기능에서 벗어나거나 혹은 그 자신조차도 원하지 않는 사고, 충동 및 행동 등을 중심으로 한다. 일반적인 인지적 어려움을 암시해 주는 행동도 이에 포함된다. 셋째, 인간관계에서 나타나는 민감성(interpersonal sensitivity) 7개 문항으로 구성되며, 이 증상은 개인이 느끼는 부적절감과 열등감을 말하며 특별히 다른 사람과 비교해서 느끼

---

123) L.R. Derogatis et al, "The Hopkins Symptom checklist : A Self-Report Symptom Inventory", *Behavioral Science*, vol.19(1974), pp.1-15.

는 감정을 반영한다. 자기비하감, 불안정감, 대인관계에서 현저하게 느끼는 불편함 등이 특징적인 징후로 나타나며 사람들과의 의사소통과 관련하여 지나치게 수줍어하거나 부정적인 기대감을 갖기도 한다. 넷째, 우울증은 11개 문항으로 구성되며, 임상적인 우울증 증상에 부수되는 것들을 광범위하게 반영한다. 아프다거나 병에 걸린 것 같다는 느낌으로 표현되는 증상은 삶에 대한 흥미의 감소, 동기의 결여, 활력의 저하 등의 징조로서 나타나는 것이다. 다른 인지적 증상이나 신체화증상과 마찬가지로 절망감과 무력감등의 감정도 포함된다. 다섯째, 불안감은 7개 문항으로 구성되며, 임상적으로 강하게 나타나는 불안과 연관된 일련의 증상과 행동들을 말한다. 불안정한 상태, 신경성, 긴장과 같은 일반적 증세를 말하며 그 외에 떨림과 같은 신체화 증상이 추가적으로 나타난다. 이유를 알 수 없는 불안, 공황장애 등도 역시 포함된다. 여섯째, 일반적 증상은 13개 문항으로 구성되었다.

이 척도의 신뢰도 계수(Chronbach's α)는 연구문헌에서는 0.97, 본 연구를 위한 예비조사에서는 0.96, 본 조사에서는 0.97로 나왔다.

(4) 자녀의 장애에 대한 부모적응과 PAL

자녀의 장애에 대한 부모의 적응은 오길승이 개발한 부모적응도 설문지(PAL: Parent Adjustment Level Questionare)를 사용하였다. 이는 부모의 장애자녀에 대한 적응수준을 측정하기 위한 도구로서 27개 문항으로 구성되었다. 0점부터 4점까지의 Likert 평가척도를 긍정적인 내용의 문항과 부정적인 내용의 문항에 상반되게 적용하는 채점방식을 활용하여 적응수준이 높은 부모들이 높은 PAL 점수를 보이도록 고안되었다. 따라서 PAL 점수는 최고점 108점에서 최저점 0점까지의 범위를 가지고 있다.[124] 이 척도의 신뢰도 계수(Chronbach's α)는 연구문헌에서는 0.88, 본 연구를 위한 예비조사에서는 0.72, 본 조사에서는 0.81로 나왔다.

5) 만성불안과 고경봉스트레스 측정표

부모가 받는 스트레스를 측정하기 위해서는 고경봉이 개발한 고경봉스트레스 측정표를 사용하였다.[125] 지난 일주일 동안 경험한 심신의 상태가 어떠했는지 해당되는 곳에 ∨표를 하여 답한다. 1점은 전혀 그렇지 않다, 2점은 약간 그렇다, 3점은 웬만큼 그렇다, 4점은 상당히 그렇다, 5점은 아주 그렇다의 5점 척도로 이루어졌다. 측정표상에 나온 점수의 합계가 높을수록 스트레스를 많이 받는 것으로 나타난다. 이 척도의 신뢰도 계수(Chronbach's α)는 연구문헌에서는 0.97, 본 연구를 위한 예비조사에서는 0.94, 본 조사에서는 0.90로 나왔다.

5. 통계분석방법

본 연구에서 수집된 자료에 대한 통계적 분석을 위하여 SPSS10.0과 AMOS4.0을 사용하였으며, 이에 대한 통계방법은 다음과 같다.

첫째, 연구대상자집단의 인구사회학적 변인에 대한 빈도분석을 했다.

둘째, 인구사회학적 변인과 연구변인 간의 관계를 일원배치 분산분

---

124) 오길승, op.cit., pp.65－92.
125) 고경봉・박중규・김찬형, "스트레스반응척도의 개발", 「신경정신의학」, 39권 4호(2000), pp.707－717.

석과 독립표본 T검정을 했다.

셋째, 기능적 자아분화의 수준에 따라 3집단으로 나누고 만성불안, 가족기능, 정신신체적 증상, 자녀의 장애에 대한 부모의 적응 등의 연구변인에서 차이가 있지를 알아보기 위하여 일원배치 분산분석을 하였다.

넷째, 연구변인 간의 관계를 알아보기 위하여 Pearson의 상관관계분석을 하였다.

다섯째, AMOS를 이용한 구조방정식모형으로 각 연구변인 간의 관계를 검증하였다.

제 **4** 장

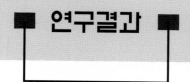

연구결과

본 장에서는 연구결과를 3부분으로 나누어 제시하였다. 즉 연구대상의 인구사회학적 변인에 대한 빈도분석결과, 인구사회학적 변인과 연구변인과의 관계, 그리고 연구변인에 대한 가설을 검증하였다.

1. 연구대상의 인구사회학적 특성

(1) 발달장애아동의 특성

<표1-1>에서 장애아동의 나이는 6세 이하가 23.9%, 7세에서 12세까지가 39.7%, 13세에서 15세가 19.6%, 그리고 16세에서 19세가 16.8%로 나타났다. 장애아동의 성별분포를 보면 남자가 72.1%, 여자가 27.9%였다. 아동의 장애유형을 보면 정신지체장애가 45.3%로 가장 많았으며 자폐성 장애가 39.1%, 정서적 장애가 7.5%로 나타났다. 동반장애를 보면 74.5%의 아동이 동반장애를 가지고 있는 것으로 나타났다. 아동의 장애등급으로는 39.1%의 아동이 2급, 28.2%의 아동이 1급, 24.4%의 아동이 3급으로 나타났으며 장애진단을 받지 않은 아동이 5.1%였다. 아동이 장애진단을 받고 몇 년의 세월이 지났는가를 살펴보면 5년 미만이 45.6%, 5년 이상 10년 미만이 30.3%, 그리고 10년 이상이 24.1%로 나타났다. 지금 현재 아동이 재활서비스를 받고 있는 기관을 살펴보면 60.9%가 특수학교에서, 34.3%가 장애인복지관에서, 그리고 조기특수교실과 지역사회복지관이 각각 12.6%와 12.3%로 나타났다.

〈표1-1〉 발달장애아동에 대한 빈도분포

인구사회학적 변인		N=373	
		빈도(명)	비율(%)
나이 (세)	1−3	19	5.1
	4−6	70	18.8
	7−12	148	39.7
	13−15	73	19.6
	16−19	63	16.8
성 별	남자	269	72.1
	여자	104	27.9
장애유형	정신지체 장애	169	45.3
	자폐성 장애	146	39.1
	기타	29	7.8
	정서적 장애	28	7.5
	레트장애	1	0.3
동반장애	있다	278	74.5
	없다	95	25.5
장애등급	1급	105	28.2
	2급	146	39.1
	3급	91	24.4
	4급	4	1.1
	5급	1	0.3
	6급	2	0.5
	진단받지 않음	19	5.1
	기타	5	1.3
진단 연한	1년 미만	25	6.7
	1년 이상 3년 미만	78	20.9
	3년 이상 5년 미만	67	18.0
	5년 이상 10년 미만	113	30.3
	10년 이상	90	24.1
재활서비스를 받는 곳	특수학교	227	60.9
	장애인복지관	128	34.3
	조기특수교실	47	12.6
	지역사회복지관	46	12.3
	기타	27	7.2
	일반학교의특수학급	21	5.6
	소아정신과	20	5.4
	직업훈련원	3	0.8

(2) 부모의 특성

　<표1-2>에서 장애아동의 부모에 대한 특성을 보면 다음과 같다. 장애아동 부모의 나이의 경우, 아버지는 40대가 50.7%로 가장 많았으며, 어머니는 30대가 57.3%로 가장 많았다. 학력의 경우, 아버지는 대졸이 49.6%, 고졸이 33.5%인 데 비하여 어머니는 고졸이 52.8%, 대졸이 35.7%로 나타났다. 부모의 직업을 보면 전업주부가 79.6%로 대부분의 어머니가 직업을 가지고 있지 않은 것으로 나타났으며 아버지는 자영업이 32.4%, 사무직이 19.6%, 전문직이 15.3%의 순으로 나타났다.

〈표1-2〉 부모에 대한 빈도분포

인구사회학적 변인		어머니 (N=373)		아버지 (N=373)	
		N	%	N	%
나이	30세 미만	6	1.6	2	0.5
	30-35세	96	25.7	36	9.7
	36-40세	118	31.6	111	29.8
	41-45세	107	28.7	120	32.2
	46-50세	41	11.0	69	18.5
	51 이상	5	1.4	35	9.3
학력	무학	1	0.3	2	0.5
	초졸	7	1.9	3	0.8
	중졸	19	5.1	11	2.9
	고졸	197	52.8	125	33.5
	대졸	133	35.7	185	49.6
	대학원졸	7	1.9	33	8.9
	무응답	9	2.4	14	3.8
직업	생산직	11	2.9	27	7.2
	서비스직	11	2.9	19	5.1
	사무직	2	0.5	73	19.6
	관리직	2	0.5	38	10.2
	자영업	21	5.6	121	32.4
	전문직	11	2.9	57	15.3
	영업직	12	3.2	14	3.8
	전업주부(무직)	297	79.6	4	1.1
	무응답	6	1.6	20	5.4

장애아동 어머니의 종교<표1-3>를 보면 기독교가 37.0%가 가장 많고 천주교가 18.8%, 불교가 12.3%의 순으로 나타났으며 종교를 가지고 있지 않은 어머니는 29.0%였다.

〈표1-3〉 어머니의 종교

(N=373)	N	%
기독교	138	37.0
무교	108	29.0
천주교	70	18.8
불교	46	12.3
기타	6	1.6
유교	1	0.3
무응답	4	1.1

장애아동 부모의 건강상태<표1-4>를 보면 어머니의 24.1%, 아버지의 18.8%가 건강하지 않는 것으로 나타났다. 건강하지 못한 경우, 어머니는 소화기질환 9.4%, 신경계 질환 3.5%의 순으로 나타났으며 아버지는 고혈합 5.9%, 간장질환 2.4%로 나타났다.

<표1-4> 부모의 건강상태

	어머니		아버지	
	빈도(명)	비율(%)	빈도(명)	비율(%)
건 강 함	283	75.9	303	81.2
고 혈 압	9	2.4	22	5.9
당 뇨	1	0.3	7	1.9
심장질환	6	1.6	0	0
간장질환	4	1.1	9	2.4
소화기 질환	35	9.4	6	1.6
정신질환	0	0	0	0
신경계 질환	13	3.5	4	1.1
기 타	18	4.8	11	2.9
무 응 답	4	1.1	11	2.9
합 계	373	100	373	100

(3) 발달장애아동 가족의 특성

장애아동 양육 및 재활에 관련된 주요의사 결정을 어떻게 하는가를 알아 본 결과, <표1-5>를 보면 72.1%는 부모가 함께 상의하여 결정하는 것으로 나타났으며 어머니 혼자 결정하는 경우도 19.3%나 되는데 비하여 아버지 혼자 결정하는 경우는 전혀 없는 것으로 나타났다. 주거생활과 관련하여 장애아동 가정의 55.2%는 자신의 집을 소유하고 있었으며 36.5%는 전세로 살고 있는 것으로 나타났다. 가족의 월평균 수입을 보면 40.8%의 가정이 100만 원 이상 200만 원 미만의 수입으로, 32.4%는 200만 원 이상 300만 원 미만의 수입으로 생활하고 있는 것으로 나타났다. 100만 원 미만의 수입으로 생활하는 가정도 8.2%나 되었다.

〈표1-5〉 가족생활에 대한 빈도분포

인구사회학적 변인		(N=373)	
		N	%
의사 결정	부부가 함께 상의	269	72.1
	어머니 단독으로 결정	72	19.3
	부부와 자녀가 함께 상의	28	7.5
	시댁, 친정식구의 의견 참고	4	1.1
	아버지 단독으로 결정	0	0
주택 소유	자가소유	206	55.2
	전세	136	36.5
	월세	11	2.9
	부모님집	11	2.9
	기타	9	2.4
가족의 월평균 수입	50만 원 미만	7	1.9
	50-99만 원	23	6.2
	100-199만 원	152	40.8
	200-299만 원	121	32.4
	300-399만 원	42	11.3
	400-499만 원	16	4.3
	500만 원 이상	12	3.2

2. 인구사회학적 특성과 연구변인과의 관계

본 절에서는 인구사회학적 변인과 연구변인들과의 관계를 알아보았다. 일원배치 분산분석을 통하여 인구사회학적 변인 중에서 장애아동의 연령, 장애진단 판정을 받은 연한, 어머니의 학력, 어머니가 느끼는 주관적 생활수준, 월평균 수입 등이 연구변인과 유의미한 관계가 있는지를 알아보았다. 또한 두개의 집단으로 구분되는 변인들, 즉 주택을

소유한 가족집단과 무주택 가족집단, 아동에게 운동신체적 기능과 관련된 중복장애가 나타난 집단과 그렇지 않은 집단, 어머니가 질병을 가지고 있는 집단과 건강한 집단에 대해서는 독립표본 T검정을 통하여 두 집단 간의 유의미한 차이가 있는지를 살펴보았다.

첫째, 오길승[126]은 장애아동을 양육하는 어머니가 스트레스를 느끼는 결정적인 시기를 이론적으로 제시하였다. 이에 입각하여 아동의 연령을 4집단으로 나누어 각 집단에 해당되는 어머니들 간에 만성불안, 기능적 자아분화, 가족기능, 정신신체적 증상, 장애에 대한 부모적응의 연구변인에 유의미한 차이가 있는지를 살펴본 결과, <표1-6>과 같이 자녀의 장애에 대한 부모적응에서만 $p<0.01$ 수준에서 유의미한 것으로 나타났다.

---

126) 장애를 가진 아동의 가정의 경우 그 가정이 생활주기상 다른 시기에 비해 훨씬 많은 스트레스를 경험하는 어떤 특정시기가 존재한다고 생각하는 시기를 결정적 시기(critical period)라고 하는데, 우리나라에서의 결정적 시기는 다음과 같다. 3세 이하는 부모들이 진단을 통해 자기 자녀에게 장애가 존재함을 인식하기 시작한다. 6-7세는 우리나라에서는 일반적으로 7-8세에 의무교육을 받기 때문에 이 시기에 부모는 학교선정(일반학교 대 특수학교)에 대한 어려운 결정을 해야 한다. 14-15세는 이 시기에 부모들은 중학교 졸업 후 진로에 대한 어려운 결정을 해야 할 뿐 아니라 신체적으로나 정서적으로 불안정한 사춘기의 문제들을 다루어야 하는 어려움에 봉착한다. 20-21세는 장년기가 시작되는 시기로서 부모는 자기 자녀가 모든 면에서 자립해야 하지만 실상은 그렇지 못함을 인식함으로써 정신적 고통을 느낀다. 오길승, *op.cit.*, pp.65-92.

〈표1-6〉 장애아동의 연령

연구변인	독립변인	N(명)	평균	표준편차	F값
만성불안	1-6세	89	23.71	11.65	1.515
	7-12세	148	21.99	14.12	
	13-15세	73	20.74	13.47	
	16세 이상	63	19.33	12.63	
기능적 자아분화	1-6세	89	110.72	16.75	0.540
	7-12세	148	111.01	13.26	
	13-15세	73	113.08	13.70	
	16세 이상	63	112.38	11.91	
가족기능	1-6세	89	129.31	19.32	1.647
	7-12세	148	127.97	19.23	
	13-15세	73	123.26	18.09	
	16세 이상	63	128.44	15.90	
정신 신체적 증상	1-6세	89	127.40	29.98	0.066
	7-12세	148	128.27	30.94	
	13-15세	73	126.88	32.43	
	16세 이상	63	126.43	30.01	
자녀의 장애에 대한 부모적응	1-6세	89	55.56	9.90	4.087 **
	7-12세	148	58.64	10.07	
	13-15세	73	60.48	10.14	
	16세 이상	63	60.21	10.14	

(참고) p=유의확률 : * $p<0.05$,　** $p<0.01$,　*** $p<0.001$

둘째, 장애아동이 장애진단을 받은 지 몇 년이 지났는가를 5년 단위의 3개 집단으로 나누어, 집단 간에 연구변인들에 유의미한 차이가 있는가를 살펴본 결과, <표1-7>과 같이 장애에 대한 부모적응에서만 $p<0.001$ 수준에서 유의미한 차이를 보이고 있다.

<표1-7> 장애진단 연한

연구변인	독립변인	N(명)	평균	표준편차	F값
만성불안	5년 미만	170	22.74	12.22	
	5-9년	113	21.26	14.10	1.074
	10년 이상	90	20.32	13.87	
기능적 자아분화	5년 미만	170	112.12	14.77	
	5-9년	113	109.82	13.98	1.330
	10년 이상	90	112.76	12.49	
가족기능	5년 미만	170	127.61	20.35	
	5-9년	113	128.11	17.59	0.238
	10년 이상	90	126.33	16.19	
정신 신체적 증상	5년 미만	170	126.81	30.46	
	5-9년	113	129.55	31.08	0.380
	10년 이상	90	126.14	31.05	
자녀의 장애에 대한 부모적응	5년 미만	170	56.79	10.23	
	5-9년	113	59.03	9.56	5.839 **
	10년 이상	90	61.19	10.32	

(참고) p=유의확률 : * $p<0.05$, ** $p<0.01$, *** $p<0.001$

셋째, 어머니의 학력과 연구변인들과의 관계에서는 <표1-8>에서와 같이 가족기능에서 p<0.001 수준에서 집단 간 유의미한 차이를 보이고 있다.

<표1-8> 어머니의 학력

연구변인	독립변인	N(명)	평균	표준편차	F값
만성불안	중졸이하	27	21.52	13.82	1.546
	고 졸	197	22.79	13.98	
	대졸 이상	140	20.25	11.58	
기능적 자아분화	중졸이하	27	113.59	10.78	0.504
	고 졸	197	110.93	15.02	
	대졸 이상	140	111.84	13.10	
가족기능	중졸 이하	27	131.74	17.56	6.669**
	고 졸	197	130.00	18.96	
	대졸 이상	140	123.05	17.62	
정신신체적 증상	중졸 이하	27	129.52	29.10	1.493
	고 졸	197	129.86	31.73	
	대졸이상	140	124.12	29.22	
자녀의 장애에 대한 부모적응	중졸 이하	27	56.96	9.59	2.951
	고 졸	197	57.63	9.99	
	대졸 이상	140	60.18	10.44	

(참고) p=유의확률 : * p<0.05, ** p<0.01, *** p<0.001

넷째, <표1-9>을 보면 어머니가 주관적으로 느끼는 생활수준의 상, 중, 하 3집단과 연구변인들과의 관계에서 기능적 자아분화는 $p < 0.05$ 수준에서, 그리고 만성불안, 가족기능, 정신신체적 증상, 자녀의 장애에 대한 부모적응은 $p < 0.001$수준에서 집단 간에 유의미한 차이가 있는 것으로 나타났다.

<표1-9> 어머니가 느끼는 주관적 생활수준

연구변인	독립변인	N(명)	평균	표준편차	F값
만성불안	상	55	16.55	10.75	7.314 ***
	중	232	21.66	12.87	
	하	86	25.13	14.57	
기능적 자아분화	상	55	114.93	10.38	3.084 *
	중	232	111.74	14.72	
	하	86	108.99	13.75	
가족기능	상	55	116.27	16.78	19.616 ***
	중	232	127.16	17.79	
	하	86	135.37	18.02	
정신신체적 증상	상	55	115.20	29.66	8.235 ***
	중	232	127.13	29.71	
	하	86	136.28	31.64	
자녀의 장애에 대한 부모적응	상	55	62.62	10.30	7.598 ***
	중	232	58.54	9.80	
	하	86	55.88	10.35	

(참고) p=유의확률 : * $p < 0.05$, ** $p < 0.01$, *** $p < 0.001$

다섯째, 장애아동가족의 월평균 수입을 100만 원 단위의 4개 집단 으로 나누어 집단 간에 연구변인들에 유의미한 차이가 있는지를 알아 보면, <표1-10>과 같이 만성불안은 $p < 0.05$수준에서, 정신신체적 증상 은 $p < 0.01$수준에서, 그리고 가족기능과 자녀의 장애에 대한 부모적응 은 $p < 0.001$수준에서 차이가 있는 것으로 나타났다.

〈표1-10〉 월평균 수입

연구변인	독립변인	N(명)	평균	표준편차	F값
만성불안	100만 원 이하	30	20.20	12.14	3.400 *
	100-199만 원	152	23.50	14.50	
	200-299만 원	121	22.18	12.72	
	300만 원 이상	70	17.63	10.66	
기능적 자아분화	100만 원 이하	30	111.03	14.01	2.254
	100-199만 원	152	109.60	15.34	
	200-299만 원	121	112.46	13.24	
	300만 원 이상	70	114.56	11.80	
가족기능	100만 원 이하	30	135.20	19.30	14.825 ***
	100-199만 원	152	132.45	18.96	
	200-299만 원	121	125.29	16.70	
	300만 원 이상	70	117.01	15.15	
정신신체적 증상	100만 원 이하	30	130.00	33.15	4.426 **
	100-199만 원	152	132.86	32.05	
	200-299만 원	121	126.04	29.77	
	300만 원 이상	70	117.21	25.81	
자녀의 장애에 대한 부모적응	100만 원 이하	30	57.10	11.16	4.865 **
	100-199만 원	152	57.34	10.28	
	200-299만 원	121	58.02	9.28	
	300만 원 이상	70	62.60	10.21	

(참고) p=유의확률 : * $p < 0.05$, ** $p < 0.01$, *** $p < 0.001$

여섯째, 장애아동가족의 주택소유 여부를 기준으로 나눈 2집단 간에 연구변인과의 관계에서 유의미한 차이가 있는지 살펴 본 결과, <표1-11>과 같이 가족기능만이 p<0.001 수준에서 차이가 있는 것으로 나타났다.

〈표1-11〉 주택소유 여부

	주택소유 (n=206)		무주택 (n=167)		t값	p:유의확률
	평균	표준편차	평균	표준편차		
만성불안	20.72	13.13	22.92	13.27	−1.596	0.111
기능적 자아분화	112.19	13.38	110.82	14.78	0.937	0.349
가족기능	124.13	17.62	131.54	18.93	−3.909	0.000 ***
정신신체적 증상	125.27	29.61	130.20	31.96	−1.544	0.124
부모적응	59.52	9.61	55.30	10.75	2.098	0.037*

(참고) p=유의확률 : * p<0.05, ** p<0.01, *** p<0.001

일곱째, 장애아동에게 운동신체기능상 중복장애가 있는 집단과 없는 집단 간에 연구변인과의 관계에서 유의미한 차이가 있는가를 알아보았다. <표1-12>과 같이 어머니의 만성불안과 기능적 자아분화는 p<0.001 수준에서, 그리고 어머니의 정신신체적 증상과 자녀의 장애에 대한 부모적응은 p<0.05 수준에서 2집단 간에 유의미한 차이가 있는 것으로 나타났다.

<표1-12> 장애아동의 운동신체기능 중복장애 여부

	단일장애 (n=206)		중복장애 (n=167)		t값	p:유의확률
	평균	표준편차	평균	표준편차		
만성불안	20.66	13.05	28.27	12.45	−3.892	0.000 ***
기능적 자아분화	112.41	14.29	106.33	10.98	3.508	0.001 ***
가족기능	127.37	18.67	127.98	18.04	−2.219	0.827
정신신체적 증상	125.94	31.07	137.20	26.85	−2.446	0.015 *
부모적응	58.96	10.21	55.83	9.63	2.066	0.040 *

(참고) p=유의확률 : * p<0.05, ** p<0.01, *** p<0.001

여덟째, 어머니의 질병여부에 따라 2개 집단으로 나누어 연구변인과의 관계에서 유의미한 차이가 있는가를 알아보았다. <표1-13>과 같이 어머니의 만성불안, 가족기능, 정신신체적 증상은 p<0.001 수준에서, 자녀의 장애에 대한 부모적응은 p<0.01수준에서, 그리고 기능적 자아분화는 p<0.05 수준에서 2집단 간에 유의미한 차이가 있는 것으로 나타났다.

<표1-13> 어머니의 건강 여부

	건강 (n=283)		질병 (n=86)		t값	p:유의확률
	평균	표준편차	평균	표준편차		
만성불안	20.21	12.82	26.73	13.48	−4.080	0.000 ***
기능적 자아분화	112.51	14.08	108.15	13.28	2.546	0.011 *
가족기능	125.61	18.41	133.48	18.23	−3.476	0.001 ***
정신신체적 증상	123.38	30.26	141.19	28.93	−4.828	0.000 ***
부모적응	59.35	10.27	55.84	9.52	2.823	0.005 **

(참고) p=유의확률 : * p<0.05, ** p<0.01, *** p<0.001

3. 가설의 검증

본 절에서는 만성불안이 기능적 자아분화에 영향을 미치고, 기능적
자아분화는 가족기능, 정신신체적 증상, 자녀의 장애에 대한 부모의
적응에 영향을 줄 것이라는 가설을 검증하기 위하여 AMOS 통계프로
그램127)에 의해서 1집단 분석모형에 대한 구조방정식모형128)을 분석
하였다.

연구모형과 가설에 입각하여 AMOS 통계프로그램에 의해 기초분석
모형 I (그림2)을 만들었으며, 분석모형의 적합도(goodness-of-fit)129)
130)를 높여 주기 위하여 수정지수(MI, Modification Indices)131)의 기준
점을 4로 설정하여132), MI지수가 4 이하인 오차항 간에 제약을 주어

---

127) AMOS(Analysis of MOment Structure)는 Arbuckle과 Wothke에 의해서 개
    발된 통계프로그램으로서 구조방정식모형, 공분산분석 그리고 인과분석
    등을 분석하기 위해서 개발된 프로그램이다. 김계수, 「AMOS 구조방정
    식모형분석」, (서울 : SPSS 아카데미, 2001), pp.255-257, J. L. Arbuckle,
    W. Wothke,*Amos 4.0 User's Guide,* (Chicago : Small Waters Corperation,
    1999), pp.1-8.
128) Joreskog와 Sorborm에 의해서 개발된 구조방정식모형(SEM, Stuctural-
    Equation Modeling)은 공분산구조분석(CSM, Covariance Structural Anaysis)
    이라고도 하며, 요인분석(factor analysis)와 회귀분석(regression analysis)이
    결합된 통계적 분석방법이다. 김계수, op.cit., pp.255-258, 배병렬, 「구조
    방정식모델: 이해와 활용」, (대전 : 대경, 2000), pp.14-15, p.214, 조현
    철, 「구조방정식모델」, (서울 : 석정, 1999), pp.3-27.
129) 실험 또는 관찰로 얻은 결과가 이론과 잘 일치되는 정도를 적합도라 말
    한다. 한국통계학회, 「통계용어사전」, (서울 : 자유아카데미, 1991), p.223.
130) Arbuckle & Wothke, op.cit., pp.411-416.
131) 수정지수는 모형에 미지수 하나를 추가시킬 경우 모형의 적합도가 최소
    한 얼마나 증가하는가를 나타내주는 수치이다. 이는 연구모형에서 적합
    도를 향상시킬수 있는 가능성을 나타내주는 지수이다. 김계수, op.cit.,
    p.393, 배병렬, op.cit.,pp.14-15, p.214.

기초분석모형Ⅱ(그림3)으로 수정하였다.

[그림 2] 기초분석모형 Ⅰ

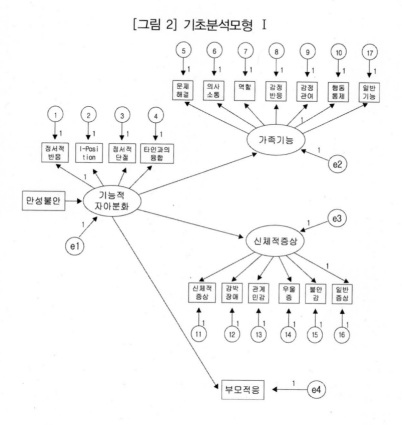

이 기초분석모형의 적합도지수는 다음의 <표2-1>와 같이 나타났으며, 주요 적합도 기준별 수용가능수준[133] <표2-2>에 의해서 살펴본 결과, 분석모형으로서 적합하다고 판단하였다.

---

132) 김계수, op.cit., pp.393-375.
133) 조현철, op.cit., p.111-117의 도표를 중심으로 부분적으로 내용을 첨가
    시켰다. 배병렬, op.cit., pp.283-292, 김계수, op.cit., pp.101-110.

〈표2-1〉 기초분석모형의 적합도지수

분석모형	χ^2	df	RMR	GFI	AGFI	TLI	NFI	CFI	RMSEA
기초분석 모형 Ⅰ	760.065	150	0.025	0.806	0.755	0.877	0.870	0.892	0.105
기초분석 모형 Ⅱ	538.199	135	0.022	0.873	0.821	0.910	0.908	0.929	0.090

[그림 3] 기초분석모형 Ⅱ

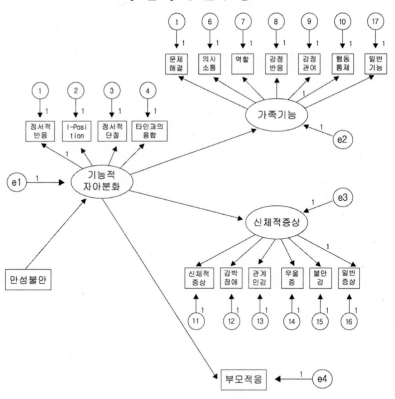

〈표2-2〉 주요 적합도 기준별 수용가능수준

적 합 도 기 준		설 명	수용가능성의 수준
χ^2 (Chi-square)	카이제곱	χ^2 통계표의 임계치	계산된 x값과 임계치를 비교
GFI (Goodness-of-fit)	적합도 지수	0 (무적합)- 1 (완벽한 적합도)	0.90 이상이면 적합도 양호
AGFI (Adjusted GFI)	수정 적합도 지수	0 (무적합)- 1 (완벽한 적합도)	0.90 이상이면 적합도 양호
RMR (Root-mean-square residual)	평균잔차 제곱근	조사자가 수준을 결정	Σ와 S의 근사성을 나타냄
RMSEA (Root-mean-square error of approximation)	근사평균 오차 제곱근	<0.05	0.05 미만이면 적합도 양호
TLI (Tuker-Lewis index)	터커- 루이스 지수	0 (무적합)- 1 (완벽한 적합도)	0.90 이상이면 적합도 양호
NFI (Normed fit index)	표준 적합도 지수	0 (무적합)- 1 (완벽한 적합도)	0.90 이상이면 적합도 양호
CFI (Comparative fit index)	비교 적합도 지수		

[그림 4] 확인적 요인분석 Ⅰ

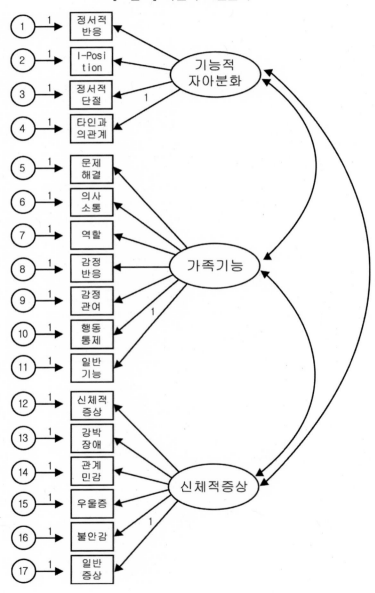

[그림 5] 확인적 요인분석 Ⅱ

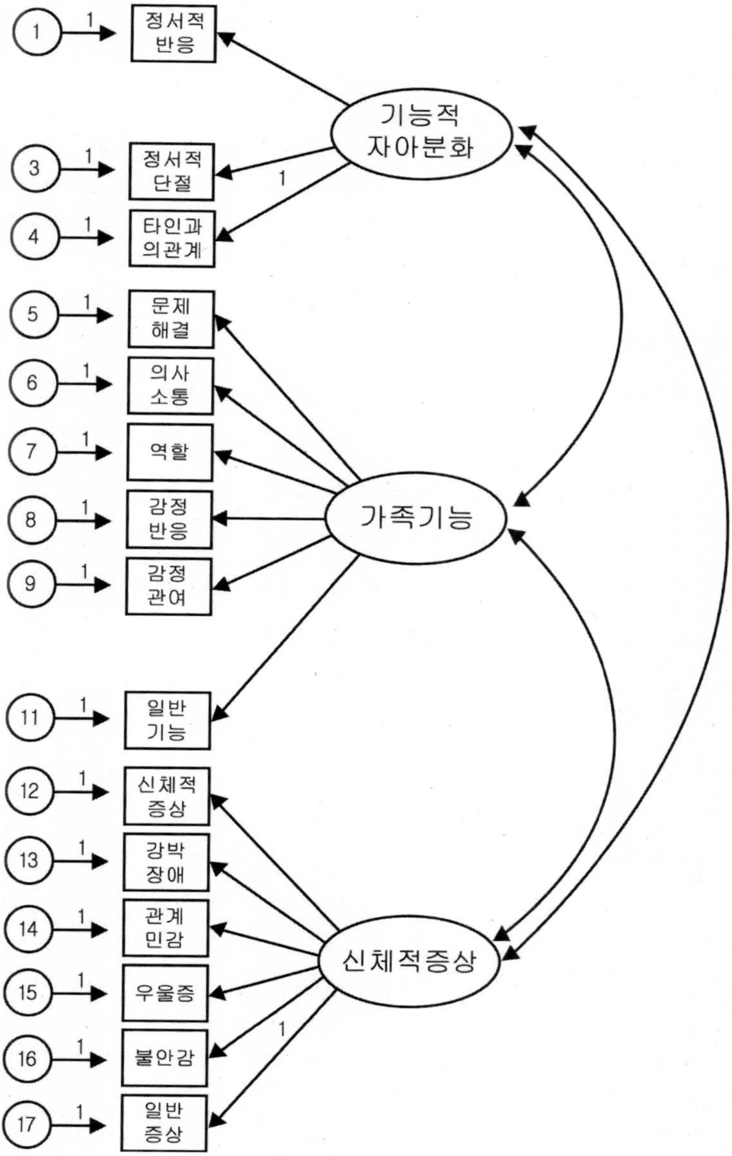

〈표2-3〉 1집단 확인적 요인분석모형의 적합도지수 비교

분석모형	χ^2	df	RMR	GFI	AGFI	TLI	NFI	CFI	RMSEA
확인적 요인분석 Ⅰ	606.254	116	0.29	0.836	0.783	0.888	0.885	0.905	0.107
확인적 요인분석 Ⅱ	440.923	87	0.27	0.859	0.806	0.915	0.914	0.929	0.105
1집단 분석모형	431.169	105	0.022	0.884	0.832	0.923	0.924	0.941	0.091

<표2-4>는 측정모델에 대한 확인적 요인분석의 결과로서 요인적재
값(factor loarding)과 t-values를 보여 주며, 각 측정변인과 잠재변인(연
구변인)과의 관계가 유의미한지를 나타내고 있다. 측정변인 Ⅰ-Position
는 c.r.=-1.28, p=0.021로서 기본조건에 맞지 않으므로, 행동통제는 요
인적재값(estimate=0.11)이 현저하게 떨어지므로 1집단 분석모형을 구성
하는 측정변인에서 제외시킴으로써 확인적 요인분석Ⅱ(그림5)가 되었
다. <표2-3>에서 확인적 요인분석 Ⅰ, Ⅱ를 비교하면 적합도지수가
전반적으로 개선되어진 것을 볼 수 있다.[134)

---

134) 구조방정식모형분석에서 요인적재값(factor loading)은 표준화된 회귀계수
(standardized regression weights)를 의미하여, C.R.(critical ratio)은 회귀계
수의 t-value를 의미한다. (C.R.=Estimate/S.E). estimate는 추정치를 의미
하며, S.E.는 표준오차를 의미한다. 변인들의 관계가 유의미하려면 t-
value> |1.96|, p-value<0.05의 기본조건을 충족시켜야 한다. 김계수,
op.cit., pp.275-276, pp.344-345, Arbuckle & Wothke, op.cit., p.41.

〈표2-4〉1집단 분석모형Ⅰ에 대한 확인적 요인분석Ⅰ, Ⅱ 그리고 1집단
분석모형Ⅰ의 결과값

척 도		확인적 요인분석Ⅰ		확인적 요인분석Ⅱ		1 집단 분석모형	
		요 인 적재값	t-value (C.R.)	요 인 적재값	t-value (C.R.)	요 인 적재값	t-value (C.R.)
기능적 자아분화	정서적 반응	0.80	7.87*	0.78	7.63*	0.58	/
	I-Position	-0.08	-1.28 (p=0.201)	-	-	-	-
	정서적 단절	0.73	7.79*	0.74	7.57*	0.63	10.93*
	타인과의 융합	0.46	/	0.45	/	0.19	3.69*
가족기능	문제해결	0.67	15.09*	0.67	14.95*	0.67	/
	의사소통	0.73	17.62*	0.73	17.05*	0.72	13.87*
	역할	0.71	16.18*	0.71	16.16*	0.74	12.16*
	정서적 반응	0.75	14.93*	0.75	17.61*	0.75	12.96*
	정서적 관여	0.68	14.73*	0.68	15.13*	0.68	10.90*
	행동통제	0.11	1.97* (p=0.049)	-	-	-	-
	일반적 기능	0.91	/	0.92	/	0.92	14.51*
정신 신체적증상	신체화 증상	1.01	50.63*	1.01	50.63*	1.01	50.14*
	강박장애	0.87	27.88*	0.87	27.89*	0.87	28.04*
	인간관계민감성	0.78	22.00*	0.78	22.00*	0.80	22.27*
	우울증	0.90	31.23*	0.90	31.24*	0.90	30.99*
	불안감	0.92	32.73*	0.92	32.74*	0.92	32.52*
	일반적 증상	0.93	/	0.93	/	0.93	/

(참고) p=유의확률 : * p<0.05

2) 경로분석과 가설의 검증

기초분석모형Ⅱ (그림2)을 근거로 하여 관측변인 'I-Position'과 '행동통제'를 제외시킨 확인적 요인분석Ⅱ(그림5)에 입각해서 1집단 분석모형Ⅰ(그림6)을 만들었다. 1집단 분석모형Ⅰ에서 측정변인들의 요인적재값 및 t-value가 변했는지를 알아보기 위해서 이에 대한 결과값과 확인적 요인분석 Ⅰ, Ⅱ의 결과값을 비교하여 보면 <표2-4>에서 t-value, p-value 등에서 기본조건을 충족시키고 있음을 알 수 있다. <표2-3>에서 분석모형의 적합도지수도 양호하게 나타난 것으로 파악되었다.

[그림 6] 1집단 모형분석 Ⅰ

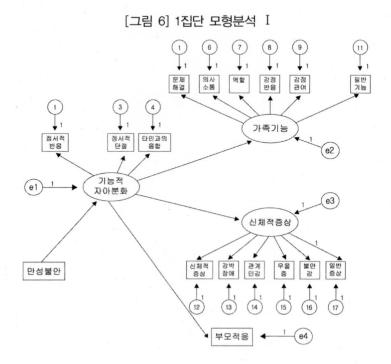

〈표2-5〉 분석자료의 상관관계표

	평균	표준편차	1	2	3	4	5
1. 만성불안	21.71	13.22					
2.기능적자아 분화	111.58	14.02	−.542**				
3. 가족기능	127.45	18.56	.377**	−.369**			
4. 정신신체적 증상	127.48	30.74	.737**	−.603**	.470**		
5. 부모적응	58.53	10.18	−.543**	.416**	−.414**	−.565**	

(참고) p=유의확률 : * p<0.05, ** p<0.01

1집단 분석모형Ⅰ의 자료(data)에 대한 연구변인 간의 상관관계는 <표2-5>과 같다. 만성불안과 기능적 자아분화의 경우 r=−.542, 부모 적응의 경우 r=−.543으로 부적 상관관계가 있는 것으로 나타났으며, 만성불안과 가족기능의 경우 r=.377, 정신신체적 증상의 경우 r=.737로 정적 상관관계가 있는 것으로 나타났다. 또한 기능적 자아분화와 가족 기능의 경우 r=−.369, 정신신체적 기능의 경우 r=−.603으로 부적 상 관관계가 있는 것으로 나타났으며, 부모적응의 경우 r=.416으로 정적 상관관계가 있는 것으로 나타났다.

따라서 1집단 분석모형Ⅰ의 확인적 요인분석의 결과치와 적합도지 수를 근거로 해서 이 모형은 앞에서 이론적으로 살펴보았던 발달장애 아동의 어머니와 관련된 연구변인들에 현실적으로 잘 부합된 모형이 라 볼 수 있다. 이를 달리 말하면 발달장애아동의 어머니가 느끼는 만 성불안은 어머니의 기능적 자아분화에 영향을 미치고, 기능적 자아분 화는 가족기능, 정신신체적 증상, 자녀의 장애에 대한 부모적응에 영 향을 미친다는 가설이 통계적으로 1집단 분석모형Ⅰ에 잘 부합된다고 말할 수 있다.

그런데 연구변인들의 관계가 통계적으로 검증되려면 1집단 분석모형에 대한 경로분석을 통하여 표준화된 효과값과 관련하여 기본조건(C.R.이 t−value> ∣1.96∣, p−value<0.05)을 충족하는지를 보아야 한다. 1집단 분석모형Ⅰ에서 각 연구변인들의 경로를 살펴보면<표2−6>, 기본조건들을 충족하므로 연구변인 간의 경로는 유의미한 것으로 검증되었다.

첫째, 만성불안에서 기능적 자아분화에 이르는 경로의 표준화된 효과값이 −0.629이므로 만성불안은 기능적 자아분화에 부적인 영향을 미친다는 가설Ⅰ이 지지되었다.

둘째, 기능적 자아분화에서 가족기능에 이르는 경로의 표준화된 효과값이 −0.498이므로 기능적 자아분화가 가족기능에 부적으로 영향을 미친다는 가설Ⅱ−1이 지지되었다.

셋째, 기능적 자아분화에서 정신신체적 증상에 이르는 경로의 표준화된 효과값이 −0.865이므로 기능적 자아분화가 정신신체적 증상에 부적으로 영향을 미친다는 가설Ⅱ−2가 지지되었다.

넷째, 기능적 자아분화에서 부모적응에 이르는 경로의 표준화된 효과값이 0.643이므로 기능적 자아분화가 부모적응에 정적으로 영향을 미친다는 가설Ⅱ−3이 지지되었다.

따라서 본 연구에서 만성불안이 기능적 자아분화에 영향을 미친다는 가설Ⅰ과 기능적 자아분화가 정신신체적 증상, 자녀의 장애에 대한 부모적응에 직접적으로 영향을 미친다는 가설Ⅱ−1, 2, 3은 모두 받아들여졌다.

〈표2-6〉 1집단 분석모형 I 의 연구변인들 간의 경로분석

경 로	표준화된 효과	t-value
만성불안 --> 기능적 자아분화	-0.629	-10.97*
기능적 자아분화 --> 가족기능	-0.498	-6.632*
기능적 자아분화 --> 정신신체적 증상	-0.865	-10.72*
기능적 자아분화 --> 부모적응수준	0.643	9.06*

(참고) p=유의확률 : * p<0.05

3) 가설 I , II-1, 2, 3에 대한 확인

위에서 검증된 가설 I , II-1, 2, 3에서 실제적으로 만성불안(스트레스)이 감소되면 기능적 자아분화와 가족기능의 수준은 올라가며, 정신신체적 증상은 완화되고, 자녀의 장애에 대한 부모적응 수준은 개선될 것인가 하는 사실을 일원배치 분산분석을 통하여 확인하였다. <표2-7>에서 <표2-11>까지 일원배치 분산분석을 통한 Scheffe검정의 결과를 보면 기능적 자아분화의 수준에 입각하여 나눈 3집단[135]은 만성불안, 가족기능, 정신신체적 증상, 자녀의 장애에 대한 부모적응 등의 연구변인들에서 유의수준=0.05에 대한 부집단이 3집단으로 나뉘어지며, 제1, 2, 3집단에서 각 연구변인의 평균값들은 가설에서 제시한 현상에 잘 부합되고 있는 것으로 나타났다. 즉 기능적 자아분화수준에 따른 3집단에서 만성불안의 평균점수가 높은 집단은 기능적 자아분화의 평균점이 상대적으로 낮은 것으로 나타났다. 또한 기능적 자아분화의 평균점이 낮은 집단은 가족기능과 정신신체적 증상의 평균점수가

---

135) 기능적 자아분화의 총점을 기준으로 하여 전체 case를 33.3%로 구분하여 제1집단(106점 이하), 제2집단(107-117점 사이), 제3집단(118점 이상)으로 나누었다.

상대적으로 높게 나타났으며, 자녀의 장애에 대한 부모적응의 평균점
수는 상대적으로 낮게 나타났다.

　이는 만성불안의 수준이 높아지면 기능적 자아분화의 수준이 낮아
짐을 의미하며, 기능적 자아분화의 수준이 낮아지면 가족기능, 정신신
체적 증상, 자녀의 장애에 대한 부모적응 등의 수준이 떨어짐을 의미
한다. 역으로 만성불안의 수준이 낮아지면 기능적 자아분화의 수준이
높아지며, 이는 가족기능, 정신신체적 증상, 자녀의 장애에 대한 부모
적응 수준이 높아짐을 의미한다.

〈표2-7〉 만성불안에 대한 Scheffe검정

유의수준=0.05에 대한 부집단

만성불안	N	1	2	3
제3집단	124	13.52		
제2집단	125		21.32	
제1집단	124			30.27

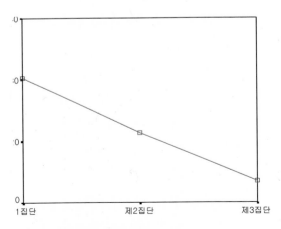

기능적 자아분화수준에 따른 3집단

〈표2-8〉 기능적 자아분화에 대한 Scheffe검정

유의수준=0.05에 대한 부집단

자아분화	N	1	2	3
제1집단	124	95.90		
제2집단	125		112.07	
제3집단	124			126.76

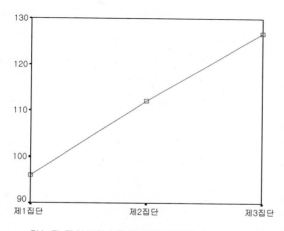

기능적 자아분화수준에 따른 3집단

〈표2-9〉 가족기능에 대한 Scheffe검정

유의수준=0.05에 대한 부집단

가족기능	N	1	2	3
제3집단	124	120.49		
제2집단	125		126.68	
제1집단	124			135.19

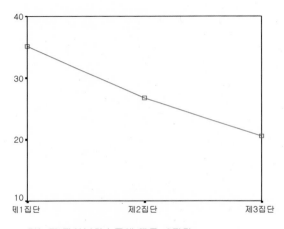

기능적 자아분화수준에 따른 3집단

〈표2-10〉 정신신체적 증상에 대한 Scheffe검정

유의수준=0.05에 대한 부집단

정신신체적 증상	N	1	2	3
제3집단	124	107.27		
제2집단	125		126.00	
제1집단	124			149.18

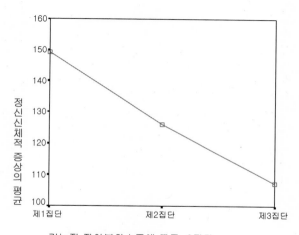

기능적 자아분화수준에 따른 3집단

〈표2-11〉 부모적응에 대한 Scheffe검정

유의수준=0.05에 대한 부집단

부모적응	N	1	2	3
제1집단	124	53.60		
제2집단	125		59.00	
제3집단	124			62.98

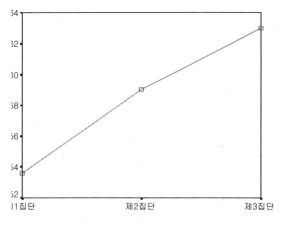

기능적 자아분화수준에 따른 3집단

(2) 2집단 분석모형과 일변량 조사(univariate test)

Bowen에 의하면 만성불안은 기본적 자아분화에 영향을 주어 기능 적 자아분화수준으로 나타난다고 하였다. 또한 기능적 자아분화의 수 준이 낮은 사람은 높은 사람보다 만성불안에 취약하여 개인적 기능, 가족관계(특히 부모자녀 간의 정서적 관계), 가족기능, 정신신체적 증 상, 사회적 환경에 대한 적응 등에 더 부정적인 영향을 받는 것으로 알려져 있다. 따라서 본 연구에서는 만성불안의 수준에 따라 기능적 자아분화가 가족기능, 정신신체적 증상, 자녀의 장애에 대한 부모의 적응 등에 미치는 영향의 정도에 차이가 있을 것이라는 가설 I, II을 설정하였다. 이를 검증하기 위해서 Mullen이 제시한 구조방정식모형에 대한 2단계 접근방법(the two-step approach)에 입각하여[136) 2집단 분석모형에 대한 일변량 조사를 통해 연구변인들 간에 존재하는 경로들에서 집단 간에 유의미한 차이가 있는지를 살펴보았다.

1) 2집단 분석모형의 변인에 대한 확인적 요인분석

만성불안의 수준이 높은 집단과 낮은 집단으로 나누어,[137) 질문지가 2집단 간에 미치는 영향이 동일한지를 알아보기 위해 2집단 확인적 요인분석을 하였다. 이를 위해서 1집단 확인적 요인분석모형 II를 근거로 해서 2집단의 자료들(data)을 적용시킬 수 있는 2집단 확인적 요인분석모형 I을 만들어 이에 대한 분석을 하였다. <표3-1>와 <표3-2>은 만성불안이 높은 집단과 낮은 집단의 상관관계표이다.

---

136) M. R. Mullen, "Diagnosing Measurement Equivalence in Cross-National Research", *Journal of International Business Studies*, 26(3)(1995), 573-96.
137) 2집단 모형분석에서는 만성불안의 총점을 기준으로 전체 case를 50%로 구분하여 만성불안이 높은 집단(21점 이상)과 낮은집단(21점 미만)으로 나누었다.

<표3-1> 만성불안이 높은 집단의 상관관계표

	평균	표준편차	1	2	3	4	5
1. 만성불안	32.96	9.10					
2. 기능적 자아분화	104.33	12.62	−.308**				
3. 가족기능	134.18	16.86	.120	−.342**			
4. 정신신체적 증상	147.84	23.47	.498**	−.456**	.265**		
5. 부모적응	53.61	8.89	−.196**	.218**	−.321**	−.414**	

(참고) p=유의확률 : * p<0.05, ** p<0.01

2집단 분석모형Ⅰ의 자료(data)에서 만성불안이 높은 집단에 대한 연구변인 간의 상관관계는 <표3-1>과 같다. 만성불안과 기능적 자아분화의 경우 r=−.308, 부모적응의 경우 r=−.196으로 부적 상관관계가 있는 것으로 나타났으며, 만성불안과 정신신체적 증상의 경우 r=.498로 정적 상관관계가 있는 것으로 나타났다. 그러나 만성불안과 가족기능의 경우 상관관계가 없는 것으로 나타났다. 또한 기능적 자아분화와 가족기능의 경우 r=−.342, 정신신체적 기능의 경우 r=−.456으로 부적 상관관계가 있는 것으로 나타났으며, 부모적응의 경우 r=.218로 정적 상관관계가 있는 것으로 나타났다.

<표3-2> 만성불안이 낮은 집단의 상관관계표

	평균	표준편차	1	2	3	4	5
1. 만성불안	11.21	5.64					
2. 기능적 자아분화	118.34	11.73	−.207**				
3. 가족기능	121.18	17.90	.244**	−.143**			
4. 정신신체적 증상	108.49	23.80	.491**	−.397**	.406**		
5. 부모적응	63.11	9.13	−.518**	.259**	−.285**	−.372**	

(참고) p=유의확률 : * p<0.05, ** p<0.01

만성불안이 낮은 집단에 대한 연구변인 간의 상관관계는 <표3-2>와 같다. 만성불안과 기능적 자아분화의 경우 r=−.207, 부모적응의 경우 r=−.518로 부적 상관관계가 있는 것으로 나타났으며, 만성불안과 가족기능의 경우 r=.244, 정신신체적 증상의 경우 r=.491로 정적 상관관계가 있는 것으로 나타났다. 또한 기능적 자아분화와 가족기능의 경우 r=−.143, 정신신체적 기능의 경우 r=−.397로 부적 상관관계가 있는 것으로 나타났으며, 부모적응의 경우 r=.259로 정적 상관관계가 있는 것으로 나타났다.

연구변인과 하위척도 간의 관계가 통계적으로 검증되려면 2집단 확인적 요인분석에서 기본조건이 충족되는지를 보아야 한다. <표3-3>은 2집단 확인적 요인분석의 결과값으로서 요인적재값(factor loading)과 t-values를 보여준다. 이에 의하면 각 측정변인과 잠재변인(연구변인) 간의 관계는 위의 기본조건들을 충족시키고 있으므로 연구변인과 하위척도 간의 관계는 유의미한 것으로 나타났다.

〈표3-3〉 2집단 확인적 요인분석의 결과값

척 도		만성불안이 높은 집단		만성불안이 낮은 집단	
		요인 적재값	t-value (C.R.)	요인 적재값	t-value (C.R.)
기능적 자아분화	정서적 반응	0.901	5.080*	0.764	5.362*
	정서적 단절	0.535	5.105*	0.564	5.310*
	타인과의 융합	0.490	-	0.573	-
가족 기능	문제해결	0.643	9.602*	0.711	11.430*
	의사소통	0.740	11.744*	0.730	11.869*
	역할	0.643	9.602*	0.684	10.810*
	정서적 반응	0.746	11.897*	0.669	10.463*
	정서적 관여	0.682	10.422*	0.596	8.965*
	일반적 기능	0.904	-	0.905	-
정신신체 적증상	신체화 증상	1.023	25.567*	1.021	28.239*
	강박장애	0.796	14.612*	0.814	16.079*
	인간관계민감성	0.632	10.315*	0.723	13.101*
	우울증	0.851	16.519*	0.838	16.977*
	불안감	0.865	17.029*	0.872	18.444*
	일반적 증상	0.871	-	0.884	-

(참고) p=유의확률 : * p<0.05

〈표3-4〉 2집단 확인적 요인분석모형 I 의 비교

제약모형	제약요인	χ^2	df	$\Delta\chi^2$/df	χ^2Siq.Dif
2집단 확인적 요인 분석모형 I	준거모형	496.125	174		
2집단 확인적 요인분석모형 I-1	람다	511.150	186	15.025/12*	NO

(참고) p=유의확률 : * p<0.05

또한 2집단 확인적 요인분석모형 Ⅰ에 있는 경로에 람다제약[138]을 준 모형을 만들어서, 2집단 확인적 요인분석모형 Ⅰ과 람다제약을 준 2집단 확인적 요인분석모형 Ⅰ−1 간에 $\Delta\chi^2/df$ ($\alpha=0.05$)값에서 차이가 있는가를 보았다. <표3−4>에서 볼 수 있듯이 첫째, 2집단 확인적 요인분석모형 Ⅰ의 결과치는 $\chi^2=496.125$, 자유도 df=174이며, 둘째, 람다제약을 준 모형으로서 2집단 확인적 요인분석모형Ⅰ−1의 결과치는 $\chi^2=511.150$, 자유도 df=186이다. 이 두 모델의 χ^2값의 차이($\Delta\chi^2=15.025$, df=12)는 p<0.05의 수준에서 유의하지 않은 것으로 나타났으므로 스트레스가 높은 집단과 낮은 집단에서 적용시킨 측정척도들 간에 차이가 없다고 볼 수 있다.

즉 질문지가 두 집단에 미치는 영향에는 차이가 없는 것으로 확인되었다. 이는 만성불안의 수준에 따라 구분한 2집단에 대해서 질문지를 동일하게 적용시킬 수 있다는 것을 의미한다. <표3−5>은 확인적 요인분석모형의 적합도지수를 비교한 표이다.

〈표3−5〉 2집단 확인적 요인분석모형의 적합도지수 비교

	제약 요인	χ^2	df	RMR	GFI	AGFI	TLI	NFI	CFI	RMSEA
2집단 확인적 요인분석Ⅰ	준거 모형	496.125	174	0.024	0.849	0.792	0.902	0.881	0.918	0.071
2집단 확인적 요인분석Ⅰ−1	람다	511.150	186	0.025	0.845	0.800	0.907	0.877	0.918	0.069

---

138) 람다제약 (lambda) : 관측변인에서 같은 연구변인에 이르는 경로를 제약.

2) 2집단 분석모형 Ⅰ의 비교

1집단 분석모형Ⅰ(그림6)을 근거로 해서 만성불안이 높은 집단과 낮은 집단의 자료들(data)을 적용시킬 수 있는 2집단 분석모형Ⅰ을 만들었다.

2집단 분석모형Ⅰ이 일변량 조사를 할 수 있는 모형으로서 유효한지를 확인하기 위해서 이 분석모형에 대하여 감마+베타제약[139)]을 시킨 모형인 2집단 분석모형Ⅰ-1을 만들었다.

준거모형인 2집단 분석모형Ⅰ과 2집단 분석모형Ⅰ-1 간에 $\Delta\chi^2$/df(α=0.05)값에서 유의미한 차이가 있는가를 보았다. <표3-6>에서 볼 수 있듯이 첫째, 2집단 분석모형Ⅰ의 결과치는 χ^2=553.429, 자유도 df=206이며, 둘째, 2집단 분석모형Ⅰ-1의 결과치는 χ^2=597.753, 자유도 df=222이다. 이 두 모형의 χ^2값의 차이($\Delta\chi^2$=44.324, df=16)는 p<0.05의 수준에서 유의한 것으로 나타났다. 따라서 2집단에서 준거모형과 감마+베타경로를 제약시킨 모형과의 차이에 대한 검증(χ^2Siq.Dif)에서 유의한 차이가 있는 것으로 확인되었다.

이는 2집단 분석모형Ⅰ은 만성불안이 높은 집단과 낮은 집단에서 경로간의 차이를 검증할 수 있는 모형으로서 유효하다고 인정되었음을 의미한다. <표3-7>는 2집단 분석모형의 적합도지수를 비교한 것이다.

---

139) 감마제약 (gamma) : 관측변인에서 다른 연구변인에 이르는 경로를 제약
　　　베타제약 (beta) : 연구변인에서 연구변인에 이르는 경로를 제약

〈표3-6〉 일변량 조사에 대한 모형의 유효성을 알아보기 위한
분석모형의 비교

분석모형	제약요인	χ^2	df	Δdf	$\Delta\chi^2$/df	χ^2Siq.Dif
2집단 분석모형 1	준거모형	553.429	206			
2집단 분석모형 1-1	감마+베타	597.753	222	16	44.324/16*	YES

(참고) p=유의확률 : * p<0.05

〈표3-7〉 2집단 분석모형 I 의 적합도지수 비교

분석모형	제약요인	χ^2	df	RMR	GFI	AGFI	TLI	NFI	CFI	RMSEA
2집단 분석모형 1	준거모형	553.429	206	0.020	0.857	0.787	0.891	0.877	0.917	0.067
2집단 분석모형1-1	감마+베타	576.634	210	0.020	0.853	0.786	0.887	0.871	0.913	0.069

3) 만성불안의 수준에 따른 2집단의 경로분석

준거모형인 2집단 분석모형 I 에 대하여 만성불안에서 가족기능, 정신신체적 기능, 장애자녀에 대한 부모적응에 이르는 경로에 각각 1개씩의 제약(a)을 준 모형을 만들어 준거모형이 되는 2집단 분석모형 I 과 각 모형 간에 χ^2/Δdf (α=0.05)값에 유의한 차이가 있는지를 검증하는 일변량 조사를 하였다. 분석의 결과는 다음과 같다. <표3-9>

첫째, 준거모형(χ^2=533.429, df=206)과 '기능적 자아분화에서 가족기능에 이르는 경로에 통제를 가한 모형'(χ^2=557.621, df=207)에서 χ^2값의 차이($\Delta\chi^2$=4.192, df=1)는 p<0.05수준에서 유의한 것으로 나타났다.

둘째, 준거모형과 '기능적 자아분화에서 정신신체적 증상에 이르는 경로에 통제를 가한 모형'(χ^2=560.746, df=207)에서 χ^2값의 차이($\Delta\chi^2$=7.317, df=1)는 p<0.05수준에서 유의한 것으로 나타났다.

셋째, 준거모형과 '기능적 자아분화에서 부모적응에 이르는 경로에 통제를 가한 모형'(χ^2=557.621, df=207)에서 χ^2값의 차이($\Delta\chi^2$=13.842, df=1)는 p<0.05수준에서 유의한 것으로 나타났다.

〈표3-8〉 2집단 분석모형의 연구변인들 간의 경로분석

경 로	만성불안이 높은 집단		만성불안이 낮은 집단	
	표준화된 효과	t-value	표준화된 효과	t-value
만성불안 -> 기능적 자아분화	-0.525	-5.373*	-0.653	-3.389*
기능적 자아분화 -> 가족기능	-0.363	-3.423*	-0.432	-2.714*
기능적 자아분화 -> 정신신체적증상	-0.657	-5.653*	-0.766	-3.370*
기능적 자아분화 -> 부모적응 수준	0.345	3.479*	0.697	3.321*

(참고) p=유의확률 : * p<0.05

〈표3-9〉 준거모형과 경로제약모형들 간의 차이비교

경로제약	χ^2	df	Δdf	$\Delta\chi^2$/df	χ^2Sig.Dif
준거모형	533.429	206			
감마+베타 제약	597.753	222	18	201.971*	YES
일변량조사 (Univeriate Test)					
만성불안->가족기능 (경로제약)	557.621	207	1	4.192/1*	YES
만성불안->정신신체적 증상 (경로제약)	560.746	207	1	7.317/1*	YES
만성불안->부모적응 (경로제약)	567.271	207	1	13.842/1*	YES

(참고) p=유의확률 : * p<0.05

앞에서 각 경로들은 2집단 간에 유의미한 차이가 있는 것으로 나타 났으므로 <표3-8>에 의해서 2집단 분석모형의 연구변인들 간의 경로 분석을 하면 다음과 같다.

첫째, 기능적 자아분화와 가족기능 간의 표준화된 효과값을 보면 만성불안이 높은 집단은 -0.363이고 낮은 집단은 -0.432이다. 따라서 만성불안이 높은 집단에서는 만성불안이 낮은 집단보다 기능적 자아 분화가 가족기능에 대하여 반대 방향으로 더 강하게 영향을 주는 것 으로 나타났다. 다시 말하면 만성불안이 높은 집단에서 기능적 자아분 화의 수준이 떨어지면 만성불안이 낮은 집단보다 가족기능의 수준이 떨어지는 정도가 더 크게 나타난다. 역으로 만성불안이 낮은 집단에서 는 기능적 자아분화의 수준이 떨어지면 만성불안이 높은 집단보다 가 족기능의 수준이 떨어지는 정도가 더 약하게 나타난다.

둘째, 기능적 자아분화와 정신신체적 증상 간의 표준화된 효과값을 보면 만성불안이 높은 집단은 -0.657이고 낮은 집단은 -0.766이다. 따라서 만성불안이 높은 집단에서는 만성불안이 낮은 집단보다 기능 적 자아분화가 정신신체적 증상에 대하여 반대 방향으로 더 강하게 영향을 준다. 다시 말하면 만성불안이 높은 집단에서 기능적 자아분화 의 수준이 떨어지면 만성불안이 낮은 집단보다 정신신체적 증상의 수 준이 떨어지는 정도가 더 크게 나타난다. 역으로 만성불안이 낮은 집 단에서는 기능적 자아분화의 수준이 떨어지면 만성불안이 높은 집단 보다 정신신체적 증상의 수준이 떨어지는 정도가 더 약하게 나타난다.

셋째, 기능적 자아분화와 부모적응 간의 표준화된 효과값을 보면 만성불안이 높은 집단은 0.345이고 낮은 집단은 0.697이다. 따라서 만 성불안이 낮은 집단에서는 만성불안이 높은 집단보다 기능적 자아분 화가 부모적응에 대하여 같은 방향으로 더 강하게 영향을 준다. 다시

말하면 만성불안이 낮은 집단에서는 기능적 자아분화의 수준이 높아
지면 만성불안이 높은 집단보다 부모적응의 수준이 높아지는 정도가
더 크게 나타난다. 역으로 만성불안이 높은 집단에서는 기능적 자아분
화의 수준이 높아지면 만성불안이 낮은 집단보다 부모적응의 수준이
높아지는 정도가 더 약하게 나타난다.

제 **5** 장

■ **결론 및 제언** ■

본 연구는 장애아동 가족에게서 나타나는 만성불안이 어머니의 기능적 자아분화에 영향을 미치며, 이 기능적 자아분화수준에 따라 정신신체적 증상의 정도, 가족기능의 정도 그리고 자녀의 장애에 대한 부모의 적응수준에 차이를 보일 것이라는 가정에 근거하여 발달장애아동의 어머니에게서 나타나는 기능적 자아분화수준은 어머니의 정신신체적 증상, 가족기능, 자녀의 장애에 대한 어머니의 적응수준과 어떠한 관계가 있는가를 알아보고자 하였다.

1. 연구결과의 요약

첫째, 연구변인 간의 상관관계에서는 각 연구변인과 하위척도 간에 높은 상관관계를 보이고 있다. 단 기능적 자아분화의 'I-Position'변인과 기족기능의 '행동통제'변인에서 상관관계가 낮게 나타났다. 이는 AMOS통계 패키지에 의한 구조방정식 모형분석의 확인적 요인분석에서도 영향력이 낮은 변인으로 판단되었으므로 이 분석과정에서 제외되었다.

둘째, 장애아동가족의 인구사회학적 변인과 연구변인들 간의 관계를 보면 다음과 같다. 장애아동의 나이, 확정진단연한에서는 자녀의 장애에 대한 부모적응의 변인에서 유의미한 차이를 보이고 있으며, 어머니가 느끼는 생활수준, 월평균 수입, 주택소유 여부 등 경제적 사정을 나타내주는 독립변인에서는 가족기능과 자녀의 장애에 대한 적응에서 유의미한 차이를 보이고 있다. 또한 발달장애아동 어머니의 24.1%가 질병을 앓고 있는 것으로 나타났는데, 특히 어머니의 건강여부는 어머니의 만성불안, 기능적 자아불안, 가족기능, 정신신체적 증상, 자녀의 장애에 대한 부모적응 등의 변인에 직접적인 요인으로 작용하고 있음이 밝혀졌다. 따라서 장애아동 가족에 대한 서비스는 Kilpatric의 가족문제수준에 입각하여 가족문제를 평가하고 서비스를 제공해야 할 것이다. 이는 1차적으로는 경제적 요인, 어머니의 건강 등과 같은 생활 스트레스에 의한 급성불안을 줄이고, 2차적으로 가족의 정서적 과정과 관련된 가족문제에 대하여서 가족체계이론에 입각하여 기능적 자아분화수준, 기본적 자아분화수준을 높여주는 사회사업서비스가 필요하다고 본다(부록1의 표를 참조).

셋째, 장애아동의 어머니집단에서 기능적 자아분화수준과 가족기능, 어머니의 정신신체적 증상, 만성불안 등의 연구변인 간에 미치는 영향의 관계를 구조방정식모형에 의해 분석을 하였다. 이에 의하면 만성불안은 기능적 자아분화에 직접적으로 영향을 준다. 또한 기능적 자아분화는 정신신체적 증상, 자녀의 장애에 대한 부모적응에 직접적으로 영향을 미치는 것으로 나타났다. Bowen의 가족체계이론에서 만성불안은 개인과 가족에게 정서적 반응을 일으키도록 영향을 준다. 만성불안으로부터 영향을 받은 기능적 자아분화는 개인 및 가족기능에 영향을 미쳐 그 수준과 기능을 저하시키는 요인이 된다고 가정하였다. 이러한 가정이 통계적으로 유의미한 관계로 나타남으로써 발달장애아동 어머니에게서 나타나는 만성불안은 기능적 자아분화수준과 관련이 있으며, 이는 어머니의 정신신체적 증상, 가족기능, 자녀의 장애에 대한 부모적응에 각기 영향을 미치고 있음이 검증되었다.

넷째, 발달장애아동 어머니의 기능적 자아분화수준에 따라 자아분화가 높은 집단에서 낮은 집단의 순으로 3집단을 나누고, 이 집단들 간에 나타나는 가족기능, 어머니의 정신신체적 증상, 자녀의 장애에 대한 부모적응의 수준 등에 유의미한 차이가 존재하는 지를 일원배치 분산분석을 통하여 검증하였다. 그 결과 각 연구변인의 3집단 간의 차이가 연구가설에서 제시한 내용과 일치하는 것을 확인하였다. 즉 기능적 자아분화수준이 높아지면, 가족기능의 수준은 향상되며, 정신신체적 증상은 낮게 나타나고, 자녀의 장애에 대한 부모적응수준은 높아진다는 사실을 알 수 있었다. 이는 앞으로 치료적 개입의 효과에 따른 변화를 예측할 수 있는 근거가 된다고 본다. 즉 발달장애아동의 어머니를 대상으로 Bowen의 가족체계이론에 입각한 가족치료를 제공함으로써 어머니의 기능적 자아분화수준을 높일 수 있다면, 어머니에게서 나타나는 정신신체적 증상, 가족기능, 자녀의 장애에 대한 부모적응 등이 개선될 수 있다는 것이다. 뿐만 아니라 어머니의 기능적 자아분화수준을 높여줌으로써 장애아동의 자아분화의 형성에도 긍정적인 영향을 미치고, 또한 장애자녀에 대한 핵가족의 정서적 투사로 인하여 있을 수 있는 장애자녀와 어머니 간의 미분화를 예방할 수 있다고 본다. 장애아동이 성장하면서 의존성을 줄일 수 있는 정서적 관계를 형성할 수 있으며, 어머니, 부모, 가족의 정서적 과정에 긍정적으로 영향을 미침으로써, 가족 및 개인의 기능을 향상시키며, 궁극적으로는 장애아동 및 장애인의 재활에 도움을 줄 수 있을 것이라고 본다.

다섯째, 두 집단 분석모형에 의한 구조방정식 모형 분석에서는 기능적 자아분화에서 가족기능, 정신신체적 증상, 자녀의 장애에 대한 부모적응의 경로에서 만성불안이 높은 집단과 낮은 집단, 두 집단 간에 의미 있는 차이가 존재하는 것으로 검증되었다. 이는 만성불안이 높은 집단이 낮은 집단보다 기능적 자아분화에 의해서 세 변인의 경로에 강하게 영향을 받고 있음을 보여준다. 이에 대하여 재활사회사업 실천에서의 의미를 정리하면, 가족체계이론에 입각한 가족치료적 개입으로써, 발달장애아동 어머니의 자아분화의 수준을 높여줄 수 있다면 가족기능, 정신신체적 증상, 자녀의 장애에 대한 부모적응을 개선시킬 수 있음을 의미한다. 기능적 자아분화는 스트레스에 영향을 받으며, 인간의 기능에 영향을 미친다는 Bowen의 가설은 우리나라의 문화권, 특히 장애인재활분야에서 클라이언트 가족에게 부분적으로 적용가능하다는 사실을 확인할 수 있다. 그러나 이 연구의 결과는 치료적 방향성을 제시했다는 것에 의미를 둔다. 실제적으로 영향을 받는지 여부에 대한 실증적 연구가 추후에 이루어져야 할 것이다.

2. 사회사업실천을 위한 함의

첫째, 가족체계이론에 의하면 치료적 개입을 통하여 만성불안의 수준을 낮추고 기능적 자아분화수준을 높이는 것은 일상생활과 재활과정에서 오는 스트레스에 대하여 정서적 반응에 의존하기보다는 지적체계로 반응하도록 대처방식을 바꾸어 주는 것을 의미한다. 이론에 따르면 한 사람의 기본적 자아분화는 그가 처해 있는 스트레스(만성불안)와 생활여건들에 의해서 영향을 받아 기능적 자아분화 수준으로 나타난다. 따라서 발달장애아동 부모 특히 어머니를 대상으로 하는 치료적 접근방법에서 클라이언트의 만성불안의 수준을 낮추어주는 치료적 접근과 스트레스(만성불안)에 의해서 영향을 받는 기능적 자아분화수준을 높여주는 치료적 접근이 필요하다고 본다(부록2의 표를 참조).

둘째, 부부간의 문제에 대한 접근방법에서는 부부 각자의 원가족과의 관계에 초점을 두고 각자의 자아분화 수준을 높여 준다. 이는 결과적으로 정서적 반응의 수준을 낮추고 지적 체계에 의한 반응을 가능하게 해준다. 그럼으로써 원가족과 확대가족과의 관계에서 나타나는 역기능적인 정서적 삼각관계에서 벗어나게 되고 정서적 단절의 상태에서 정서적 재결합으로, 정서적 융합이나 의존에서 정서적 독립, 자립이 가능한 방향으로 변화하게 된다. 이러한 변화는 궁극적으로 기본적 자아분화수준을 높여주게 된다. 이처럼 기본적 자아분화 수준이 높아진다면 스트레스(만성불안)에 의한 영향을 적게 받는다. 체계적인 치료적 접근에 의해서 만성불안의 수준이 낮아지고, 기능적 자아분화와 기본적 자아분화의 수준이 높아진다면 부부간의 관계가 정서적 반응에 의존하기보다는 지적 체계에 의한 반응을 보임으로써 부부간의 관계가 개선될 수 있다.

셋째, 이론적으로 부모(자녀의 양육자)의 자아분화수준은 핵가족의 정서적 투사과정에도 영향을 미치게 된다고 본다. 특히 어머니가 미성숙하면 (자아분화 수준이 낮으면) 발달장애아동을 정서적 투사의 대상으로 선택할 가능성이 높게 된다. 이렇게 되면 어머니와 가족의 불안이 투사됨으로써 장애아동의 자아분화는 낮아지게 되며, 부모와 가족에 대한 정서적 의존성이 높아질 가능성이 많아진다. 따라서 어머니의 자아분화 수준을 높여줌으로써 장애아동에 대한 정서적 투사과정, 장애자녀와의 정서적 융합 등을 예방할 수 있으며, 정서적 반응으로 인하여 가족관계 및 사회적 관계에서 나타나는 정서적 단절도 개선될 수 있다고 본다. 특히 자녀의 장애에 대한 부모적응 수준을 긍정적으로 변화시켜줄 수 있으리라는 점을 예측할 수 있다.

넷째, 가족체계이론에 따르면 가족 중 치료에 대한 동기가 높은 사람 한 명을 선택하여 치료함으로써 그의 자아분화수준이 높아진다면, 이는 다른 가족의 자아분화 수준을 높이는 데 영향을 준다고 본다. 따라서 발달장애아동 어머니를 대상으로 어머니의 자아분화수준을 증진시키게 된다면, 장애자녀와의 관계뿐 아니라 부부간의 관계, 어머니와 비장애자녀와의 관계에서 정서적 반응보다는 지적체계에 입각하여 반응하게 함으로써, 궁극적으로는 가족기능에 긍정적인 영향을 미칠 수 있으리라고 본다. 가족체계이론에 입각한 치료적 접근방법은 개인을 대상으로 원가족과 확대가족으로부터 물려받은 자아분화와 정서적 반응을 다룬다는 점에서 개인의 무의식적 차원의 심리내적인 역동적 요인을 다루는 정신분석학적 접근방법과는 차이가 있으며, Minuchin의 구조적 가족치료나 Satir의 의사소통 가족치료에서 부부를 같이 참여시키거나 가족성원전체를 참여시킨다는 점과 차이가 있다.

다섯째, Kilpatric(부록1의 표를 참조)에 의하면 장애아동 가족을 위한 가족치료의 접근방법으로는 클라이언트의 기본생활과 관련된 문제의 해결을 위한 방법, 가족체계 내의 역할과 가족질서 등의 문제와 관련된 방법, 원가족과의 관계에서 나타나는 정서적 반응, 자아분화와 관련된 문제의 해결을 위한 방법, 삶의 의미와 가치에 초점을 둔 방법 등이 있다. 발달장애아동의 재활을 위한 가족치료서비스는 그 가족의 문제와 욕구수준에 따라서 치료적 접근방법을 선택하여 접근한다는 점에서 4가지 접근법을 상황에 맞게 적용할 필요가 있다. 그러나 장애아동 가족의 정서적 영역, 원가족과의 관계에서 나타나는 자아분화와 정서적 반응 등의 문제를 다루는 데는 클라이언트와 그 가족의 자아분화수준을 높여주는 가족체계이론에 입각한 치료적 접근방법이 다른 방법보다 효과적일 수 있다는 점을 강조하고자 한다. 뿐만 아니라 가족의 정서적 관계, 원가족과 확대가족에서 나타나는 문제 등을 다루는 가족체계이론의 치료적 접근방법은 장애인 재활 서비스를 위한 실천현장에서 뿐만 아니라 일반사회사업 서비스의 실천현장에까지 필요하다고 본다.

여섯째, 클라이언트(장애아동 어머니)에 대한 치료적 접근과 더불어 사회사업가(치료자)의 기능적 자아분화수준 및 기본적 자아분화수준을 높여주는 원가족 분석(Family of Origin Work)이 필요하다고 생각된다. 이는 사회사업가 자신의 자아분화수준을 높여 줌으로써 클라이언트에 대한 서비스과정에서 나타나는 정서적 반응을 줄일 수 있으며, 서비스 과정에서 받을 수 있는 스트레스(만성불안)에 의해 영향을 덜 받을 수 있게 된다. 이론에 대한 학습과 충분한 임상훈련을 받은 치료자가 자신의 원가족 분석을 통하여 계속적인 자아분화 수준을 높여 줌으로써 치료과정에서 클라이언트가 정서적 반응을 보이지 않고 지적 체계에 의한 반응을 보이도록 영향을 미칠 수 있는 것이다.

참고문헌

I. 국내문헌

1. 단행본

강위영·윤점룡.「정서장애아 교육」. 경산: 대구대학교출판부, 1998.

김승국, 김은경 편역.「발달장애인 직업교육과정」. 서울: 교육과학사, 1997.

배병렬.「구조방정식모델 이해와 활용」. 서울: 대경, 2000.

서경희외 5인.「발달장애의 진단과 평가」. 경산: 대구대학교출판부, 1999.

서혜선 외 4인.「SPSS를 이용한 회귀분석」. 서울: SPSS아카데미, 1999.

서화자.「장애인가족원조론」. 서울: 홍익제, 1999.

성균관대학교 응용심리연구소.「인간의 마음과 행동」. 서울: 법문사, 2001.

유대근·권영식.「통계분석을 위한 SPSSWIN 8.0」. 서울: 기한재, 1999.

원태연·정성원.「한글SPSS 통계조사분석」. 서울: SPSS아카데미, 1998.

이경화 외.「부모교육」. 서울: 학문사, 1999.

이상복·이상훈.「정서.행동장애아」. 경산: 대구대학교출판부, 1998.

이순묵.「공변량구조분석」. 서울: 성원사, 1990.

정충영·최이규. 「SPSS를 이용한 통계분석」. 서울: 무역경영사, 1996.

조현철. 「LISREL에 의한 구조방정식모델」. 서울: 석정, 1999.

이근후 외역. 「정신장애의 진단 및 통계 편람」제4판. 서울: 하나의학
　　사, 1995.

서울장애인종합복지관. 「재활용어사전」. 서울: 서울장애인종합복지관,
　　1995.

한국보건사회연구원. 「2000년도 장애인 실태조사보고」, 2001.

모어랜드·레이놀즈 박희주 역. 「창조와 진화에 대한 세가지 견해」.
　　서울: 한국기독학생회, 1999

호시 게이코 민병일 역. 「스트레스와 면역」. 서울: 전파과학사, 1994.

Minuchin, S. 김종옥 역. 「가족과 가족치료」. 서울: 법문사, 1990.

Kirk, S. A & Gallagher, J. J. 김정권·한현민 역. 「특수아동의 이해와
　　교육」. 서울: 도서출판 특수교육, 1996.

던컨, O. D. 차종천·장상수 역. 「구조방정식 모형의 이해」. 서울: 나
　　남출판, 1994.

2. 학위논문

김경자. "부부갈등이 가족관계에 미치는 영향 : Bowen의 자아분화 개
　　념 중심으로". 석사학위논문, 서울신학대학교 대학원, 1998.

김성호. "역기능 가정의 치유를 위한 가족치료적 접근 : Bowen의 이론
　　을 중심으로". 석사학위논문, 장로회신학대학교 대학원, 2001.

김인옥. "Bowen의 가족체계이론과 교회에서의 적용가능성에 관한 연
　　구". 석사학위논문, 총신대학교 대학원, 1997.

문희선. "어머니의 자아분화 수준과 자녀양육 태도의 관계 : Bowen의
　　이론을 중심으로". 석사학위논문, 이화여자대학교 대학원, 1995.

손광훈. "발달장애아 가족사정 도구개발 효과성에 관한 연구". 박사학위논문, 숭실대학교 대학원, 1996.

양미숙. "정신지체 성인자녀의 부모를 위한 역량강화 집단프로그램 개발과 효과". 박사학위논문, 서울대학교 대학원, 2000.

옥치홍. "RET 집단상담이 자아분화 수준 변화에 미치는 효과". 석사학위논문, 부산대학교 대학원, 1990.

유수현. "임상사회사업분야에서 스트레스관리기법의 활용". 박사학위논문, 숭실대학교 대학원, 1994.

유양숙. "척수손상인 부부의 문제와 부부관계증진 프로그램 적용에 관한 연구". 박사학위논문, 숭실대학교 대학원, 1998.

윤점룡. "정서장애아의 특성 요인과 판별분석". 박사학위논문, 대구대학교 대학원, 1989.

이명애. "고등학생의 자아분화와 심리적 분리와의 관계". 석사학위논문, 부산대학교 대학원, 1992.

이선영. "정신분열병 환자 가족의 정신건강프로그램에서 실시한 부모효율성훈련(p.E.T)에 관한 사례연구". 석사학위논문, 서울여자대학교 대학원, 1996.

이연숙. "체계론적 가족치료 이론의 비교연구 : S. Minuchin, V. Satir, M. Bowen이론을 중심으로". 석사학위논문, 서울신학대학교 대학원, 1998.

이희관. "Virginia Satir와 Murray Bowen의 가족치료 이론과 기독교적 적용 가능성". 석사학위논문, 침례신학대학교 대학원, 1995.

전춘애. "부부의 자아분화수준과 출생가족에 대한 정서적 건강 지각이 결혼안정성에 미치는 영향". 박사학위논문, 이화여자대학교 대학원, 1994.

제석봉. "자아분화와 역기능적 행동과의 관계 - Bowen의 가족체계이론을 중심으로". 부산대학교 박사학위논문, 1989.

최혜숙. "자아분화척도의 요인타당화 연구". 석사학위논문, 고려대학교
　　　대학원, 1992.

3. 연구논문

김중호. "장애아동가족의 만성불안과 임상사회사업의 접근에 관한 연
　　　구(M. Bowen 의 가족체계이론을 중심으로)", 서울장신논단 5집.
　　　서울장로회신학교, 1997.
_____. "다세대가족치료에서의 삼각관계", 서울장신논단 6집. 서울장
　　　신대학교, 1998.
_____. "자아분화와 가족성원의 사회적 기능과의 관계", 서울장신논
　　　단 7집. 서울장신대학교, 1999.
_____. "가족체계이론과 정서의 임상적 의미", 서울장신논단 8집. 서
　　　울장신대학교, 2000.
_____. "정서적 단절로 인하여 나타나는 가족증상과 치료적 접근",
　　　서울장신논단 9집. 서울장신대학교, 2001.
박진영 · 박태영. "발달장애아동 자녀를 둔 어머니의 결혼만족도에 영
　　　향을 미치는 변인들에 관한 연구 : 특수학교에 재학 중인 발달
　　　장애아동의 어머니를 중심으로", 한국가족복지학. 2001.
배광웅 · 송상천. "장애아동부모와 일반아동 부모의 스트레스 비교연
　　　구", 성지재활연구 제1권. 1986.
송성자. "장애자 가족기능에 관한 조사연구", 문교부 자유과제 학술연
　　　구 보고서. 경기대학교 사회복지학과, 1986.
안범현. "장애아동을 둔 어머니의 성격적응유형과 양육스트레스간의
　　　관계연구", 성지재활연구 제7호. 서울장애인종합복지관, 1999.
오길승. "정신지체 아동 어머니의 자기자녀에 대한 적응수준에 영향을

미치는 변인들에 관한 연구", 한신대사회복지연구 제2권. 한신
대학교, 1994.

오세중. "우울증환자에서의 임파구 아형", 정신신경의학 제29권 6호.
1990.

오승환. "장애가족에 대한 집단사회사업실천에 관한 연구-자폐아 어
머니를 중심으로", 사회복지연구 제7호. 서울대학교 사회복지연
구소, 1996.

이삼연. "장애아 모의 적응에 관한 연구", 한국사회복지학 통권 30호.
1996.

II. 외국문헌

1. 단행본

Arbuckle, J. L. & Wothke, W., *Amos 4.0 User's Guide,* Chicago : Small
Waters Corporation, 1995.

Bowen, M., Family *Therapy in Clinical Practice,* New Jersey : Jason
Aronson, 1994.

Brown, F. H., *Reweaving the Family Tapestry : A Multigenerational
Approach to Families,* New York: W.W. Norton & Company, 1991.

Brown, R. I, *Quality of Life for People with Disabilities,* Second Edition,
Cheltenham : Stanley Thornes, 1997.

Carter, E. A. & McGoldrick, M., *The Family Life Cycle : A Framework for
Family Therapy,* New York: Gardner Press, Inc., 1980.

Dunham, C. S., "The Role of the Family", Disability and Rehabilitation
Handbook, Robert M. Goldenson et. al., ed., 1978.

Dunst, C. J., Trivette, C. M. & Deal, A. G., *Enabling and Empowering Families : Principles and Guidelines for Practice,* Cambridge: Brookline Books, Inc., 1988.

Fischer, J. & Corcoran, K., *Measures for Clinical Practice : A Sourcebook,* New York: The Free Press, 1994.

Gilbert, R. M., *Extraordinary Relationships : A New Way of Thinking about Human Interactions,* Minneapolis: Chronimed Publishing, 1992.

Glick, I. D. et al, *Marital and Family Therapy,* Washington: American Psychiatric Press, Inc., 2000.

Goldenberg, I. & Goldenberg, H., *Family Therapy: An Overview,* Third Edition, California : Brooks/Cole Publishing Company, 1991.

Gurman, A. S., *Casebook of Marital Therapy,* New York: The Guilford Press, 1985.

Hartman A. & Laird J., *Family −Centered Social Work Practice,* New York: Collier Macmillan Publishers, 1983.

Hjelle, L. A. & Ziegler, D. J., *Personality Theories,* Second Edition, New York : McGraw −Hill, Inc., 1981.

Imber −Black, E., *Families and Larger Systems : A Family Therapist's Guide through the Labyrinth,* New York: The Guilford Press, 1988.

Jordan, C. & Franklin, C., *Clinical Assessment for Social Workers,* Chicago: Lyceum Books, Inc., 1995.

Kerr, M. E. & Bowen, M., *Family Evaluation,* New York: W. W. Norton & Company, 1988.

Kilpatrick, A. C. & Holland, T. p., *Working with Families : An Integrative Model by Level of Functioning,* Mass. : Allyn and Bacon, 1995.

L'Abate, L., *The Handbook of Family Psychology and Therapy,* Illinois: The Dorsey Press, 1985.

Rothman, J., *Practice with Highly Vulnerable Clients : Case Management and*

Community —Based Service, New Jersey: Prentice —Hall, Inc., 1994.

Simon, F. B., Stierlin, H. & Wynne, L. C., *The Language of Family Therapy : A Systemic Vocabulary and Sourcebook,* New York: Family Process Press, 1985.

Walsh, F., *Normal Family Processes,* New York: The Guilford Press, 1982.

Wynne, L. C., *The State of the Art in Family Therapy Research: Controversies and Recommendations,* New York: Family Process Press, 1988.

SPSS Base 10.0 User's Guide, Chicago : SPSS Inc., 1999.

2. 학위논문

Collins, M. E., "Parental Reactions to a Visually Handicapped Child: A Mourning Process", Ph. D. Dissertation, University of Texas at Austin, 1982.

Richards, E.,, "Self Reports of Differentiation of Self and Marital Compatibility as Related to Family Functioning in the Third and Fourth Stages of the Family Life Cycle", Ph. D. Dissertation, Adelphi Universtiy, 1987.

Skowron, E. A., "The Differentiation of Self Inventory: Construct Validation and Test of Bowen Theory", Ph. D. Dissertation,　State University of New York, 1995.

3. 연구논문

Beckman, p. J., "Influence of Selected Child Characteristics on Stress in Families of Handicapped Infants", *American Journal of Mental*

Deficiency, vol.88, 1983.

Benswanger, E. G., "Strategies to Explore Cut–offs", *The Therapist's5 Own Family toward the Differentiation of Self*, ed, Peter Titelman, New Jersey : Jason Aronson Inc., 1995.

Berry, J. O. & Zimmerman, W. W., "The Stage Model Revisited", *Rehabilitation Literature*, vol.44, 1983.

Blancher, J., Nihira K. & Meyers, C.E., "Characteristics of Home Environment of Families with Mentally Retarded Children", *American Journal of Mental Deficiency*, vol.91, 1987.

Brighton–Cleghorn, J., "Formulations of Self and Family Systems", *Family Process*, vol.26, 1987.

Bristor, M. W., "The Birth of a Handicapped Child–a Wholistic Model For Grieving", *Family Relations*, vol.33, 1984.

Burden, R. & Thomas, D., "A Further Perspective on Parental Reaction to Handicap", *The Exceptional Child*, vol.33, 1986.

Byrne, E. A. & Cunningham C. C., "The Effects of Mentally Handicapped Children on Families–A Conceptual Review", *Child Psychology and Psychiatry*, vol.26, 1985.

Cronic, K. A., Friedrich, W. N. & Greenberg, M. T., "Adaptation of Families with Mentally Retarded Children", *American Journal of Mental Deficiency*, vol.88, 1983.

Diamond, K. E. & LeFurgy, W. G., "Relations Between Mothers' Expectations and the Performance of Their Infants Who Have Developmental Handicaps", *Americann Journal of Mental Retardation*, vol.97, 1992.

Donovan, A. M., "Family Stress and Ways of Coping With Adolescents Who Have Handicaps: Maternal Perceptions", *American Journal of Mental Retardation*, vol.92, 1988.

Eden－Piercy, G. V., Blacher, J. B. & Eyman, R. K., "Exploring Parents' Reactions to Their Young Child With Severe Handicaps", *Mental Retardation*, vol.24, 1986.

Farber, B. & Deollos, I., "Incleasing Knowledge on Family Issues : A Research Agenda for 2000", *Mental Retardation*, 2000.

Fortier, L. M. & Wanlass, R. L., "Family Crisis Following the Diagnosis of a Handicapped Child", *Family Relations*, Jan., 1984.

Friedrich, W. N., Greenberg, M. T. & Crnic, K., "A Short－Form of the Questionnaire on Resources and Stress", *American Journal of Mental Deficiency*, vol.88, 1983.

Girdner, L. A & Eheart, B. K., "Mediation with Families Having a Handicapped Child", *Family Relations*, Jan., 1984.

Hanson, M. J. & Carta, J. J., "Addressing the Challenges of Families with Multiple Risks", *Exceptional Children*, vol.62, 1995.

Herman, S. E. & Thompson, L., "Families' Perceptions of Their Resources for Caring for Children With Developmental Disabilities", *Mental Retardation*, vol.55, 1995.

Kazak, A. E. & Marvin, R. S., "Differences, Difficulties and Adaptation: Stress and Social Networks in Families with a Handicapped Child", *Family Relations*, vol.33, 1984.

Klugman, J., "Enmeshment and Fusion", *Family Process*, vol.15, 1976.

Konanc, J. T. & Warren, N. J., "Graduation: Transitional Crisis for Mildly Developmentally Disabled Adolescents and Their Families", *Family Rel ations*, Jan., 1984.

Livneh, H., "A Unified Approach to Existing Models of Adaptation to Disability: Part Ⅰ－A Model Adaption", *Journal of Applied Rehabilitation Counseling*, vol.17, 1986.

Masino, L. L. & Hodapp, R. M., "Parental Educational Expectations for

Adolescents with Disabilities", *Exceptional Children,* vol.62, 1996.

McCollum, A. T., "Grieving Over the Lost Dream", *The Exceptional Parent,* Feb., 1984.

Minnes, p., "Family Resources and Stress Associated With Having a Mentally Retarded Child", *American Journal of Mental Retardation,* vol.93, 1988.

Mullen, M. R. "Diagnosing Measurement Equivalence in Cross‒National Research," *Journal of International Business Studies,* 26(3), 1995.

Ormerod, J. J. & Huebner, E. S., "Crisis Intervention: Facilitating Parental Acceptance of A Child's Handicap", *Psychology in the Schools,* vol.25, 1988.

Reagles, S., "The Impact of Disability: A Family Crisis", *Journal of Rehabilitation Counseling,* 13(3) 1982.

Rimmerman, A. & Portowiez D., "Analysis of Resources and Stress among Parents of Developmentally Disabled Children", *International Journal of Rehabilitation Research,* 10(4), 1987.

Skowron, E. A. & Friedlander, M. L., "the Differentiation of Self Inventory : Development and Initial Validation", *Journal of Counseling Psychology,* vol.45(3), 1998.

Skowron, E. A., "The Role of Differentiation of Self in Marital Adjustment", *Journal of Counseling Psychology,* vol.47(2), 2000.

Scott, D., "Meaning Construction and Social Work Practice", *Social Service Review,* March, 1989.

Weiss, J. O., "Psychosocial Stress in Genetic Disorders: A Guide for Social Workers", *Social Work in Health Care,* vol.6(4), 1981.

White, M., "Structural and Strategic Approaches to Psychosomatic Families Attachment & the Emotional Unit", *Family Process* 18(3), 1979.

Wikler, L. M., "Periodic Stress of Families of Older Mentally Retarded

Children: An Exploratory Study", *American Journalof Mental Deficiency,* vol.90, 1986.

Wikler, L., Wasow, M. & Hatfield, E., "Chronic Sorrow Revisited: Parent vs. Professional Depiction of the Adjustment of Parents of Mentally Retarded Children", *American Journal of Orthopsychiatric,* January, 1981.

Zimmerman, J. H., "Determinism, Science, and Social Work", *Social Service Review,* March, 1989.

부 록

부 록 1

가족기능의 수준에 따라 적용시킬 수 있는 가족치료의 모델들

	다루어야 할 문제	개입전략	개입기술
수준 Ⅰ	* 기본적인 양육욕구를 감당하기에 충분한 부양능력이 있는가? * 식사, 안식처, 보호기능, 의료보호, 최소한의 양육	* 가족문제보다는 가족의 강점에 초점을 둔다. * 부양능력을 보강시켜줄 수 있는 적절한 지원을 조사하고, 활성화시킨다.	* 가족체계의 유지보호 * 사례관리 * 잠재적인 가족자원을 파악한다. A. 핵가족 1. 부모의 역할을 대행하는 아이 2. 가족의 의사결정체제 B. 확대가족 C. 지역사회 1. 친구 2. 사회적 서비스기관의 자원들 3. 치료자 * 회의소집자, 옹호자, 교사, 역할모델로서의 전문가
Ⅱ	* 가족의 구조, 한계, 안정성을 유지시키기에 충분한 권위가 존재하는가?	* 가족의 강점에 초점을 둔다. * 가족의 연합을 이끌어낸다. * 가족의 기대수준을 명확하게 한다.	* 부모 연합 * 가족한계 설정. * 명확한 의사소통 * 사회학습기술 * 서면화된 계약 * 행동강화요인 및 강화자 과제부여
Ⅲ	* 명확하고 적절한 가족경계가 존재하는가? A. 가족의 경계 B. 가족성원 개인의 경계 C. 세대 간의 경계	* 가족문제에 초점을 둔다. * 가족기대에 맞는 '이상적인' 가족구조를 확립한다. * 세대 간의 경계를 명확하게 한다.	* 가족 및 개개인의 경계 보호 * 삼각관계의 균형 유지 * 가족협조관계 재수립 * 세대 간의 경계 설정 * 과제부여 * 의사소통기술
Ⅳ	* 가족성원 간의 갈등문제 또는 친밀감과 관련된 문제가 있는가? * 가족성원들은 자아성취를 하고 있는가?	* 가족문제에 초점을 둔다. * 다세대로부터 물려받은 가족유산 (긍정적 혹은 부정적 유산, 가족문제)을 명확하게 규명하고, 이를 해결한다. * 통찰력 * 가족성원이 열망하는 것에 초점을 둔다.	* 이야기 치료방법을 활용한 개입 * 가족조각기법 * 대상관계를 활용한 개입 * 3세대의 가족문제를 해결

A. C. Kilpatrick ., Levels of Family Functioning, Working with Family An Integrative Model by Level of Functioning, Allie C. Kalpatrick, Thomas p.Holland Ed., Allyn and Bacon, 1995, pp.3－15에서 나온 도표를 번역한 자료임

부 록 2

표1. 만성불안과 기본적 자아분화에 따른 기능적 자아분화의 변화

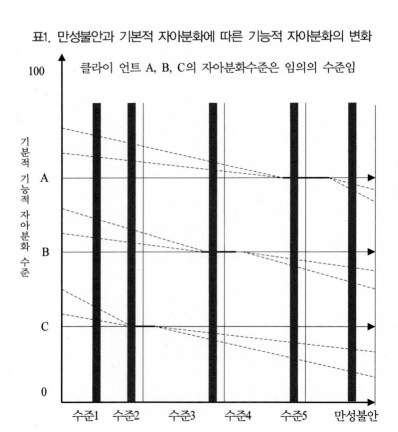

표2. 치료개시점과 치료단계 ①②③

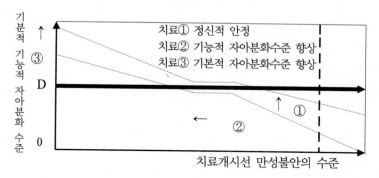

[참고] 굵은 실선 D는 기본적 자아분화수준(임의수준)을 나타냄

치료개시점과 치료의 3단계 (자아분화와 불안과의 관계)

치료적 개입의 1단계는 정서적 안정(emotional calm down)으로서 클라이언트의 현재시점에서 나타나는 스트레스와 불안의 수준을 낮추어 주는 것에 초점을 맞춘다. 이는 내적, 외적(환경적) 자극에 대한 정서적 반응으로서 스트레스, 급성불안, 만성불안 등으로 인하여 현재 클라이언트의 기능적 자아분화수준이 낮아져 있음을 의미한다. 따라서 정서적 안정을 통하여 이러한 요인을 제거 또는 완화시켜 줌으로써 원래의 수준이상으로 회복시켜 주는 것이다. 그림에서 치료적 개입은 ①방향이 된다.

치료적 개입의 2단계는 핵가족과의 관계 또는 환경적 요인에서 나타나는 만성불안수준을 낮추어 줌으로써 기능적 자아분화의 수준을 점차적으로 높여주는 것을 의미한다. 그림에서 치료적 개입은 ②방향이 된다.

치료적 개입의 3단계는 원가족과 확대가족관계에서의 체계적인 자아분화의 노력을 통하여

기본적 자아분화수준인 선C→선B→선A로 높여준다. 그림에서의 치료적 개입은 ③방향이 된다.

부 록 3

어머니에 대한 질문지

안녕하십니까?

이 질문지는 발달장애아동 어머니의 자아분화, 가족기능, 정신신체적 증상, 자녀의 장애에 대한 부모적응에 대해서 연구하기 위한 것입니다. 연구 결과는 어머니와 가족을 돕기 위한 가족치료상담 서비스를 개발하는 데 귀중한 기초자료가 될 것입니다. 이러한 연구는 궁극적으로 자녀의 재활에 도움이 될 수 있으리라 믿습니다.

모든 질문에 하나도 빠짐없이 솔직하게 답변하여 주시기를 바랍니다. 응답하신 질문자료는 연구이외에 다른 목적으로 일체 사용하지 않을 것을 약속드립니다. 응답하실 때에는 최근 1-2주 사이 어머니와 가족의 일상 생활을 생각하면서 나에게 해당되는 숫자에 체크(V)하시면 됩니다.

귀한 시간을 내어 연구에 협조하여주심에 깊은 감사를 드립니다.

숭실대학교 사회사업학과

스트레스 측정표

구분	문 항 내 용	전혀 그렇지 않다	약간 그렇다	어느 정도 그렇다	상당히 그렇다	아주 그렇다
1	집중이 안 된다	①	②	③	④	⑤
2	안절부절 못한다	①	②	③	④	⑤
3	소화가 안 된다	①	②	③	④	⑤
4	답답하다	①	②	③	④	⑤
5	배가 아픈 적이 있다	①	②	③	④	⑤
6	만사가 귀찮다	①	②	③	④	⑤
7	잡념이 생긴다	①	②	③	④	⑤
8	쉽게 피로를 느낀다	①	②	③	④	⑤
9	온몸에 힘이 빠진다	①	②	③	④	⑤
10	누군가를 때리고 싶다	①	②	③	④	⑤
11	울고 싶다	①	②	③	④	⑤
12	신경이 날카로워졌다	①	②	③	④	⑤
13	멍한 상태로 있다	①	②	③	④	⑤
14	한 가지 생각에서 헤어나지 못한다	①	②	③	④	⑤
15	두렵다	①	②	③	④	⑤
16	행동이 거칠어져 난폭 운전, 욕설, 몸 싸움 등을 한다	①	②	③	④	⑤
17	머리가 무겁거나 아프다	①	②	③	④	⑤
18	가슴이 두근거린다	①	②	③	④	⑤
19	얼굴 표정이 굳어져 있다	①	②	③	④	⑤
20	나는 아무 쓸모 없는 사람이라는 생각이 든다	①	②	③	④	⑤

자아분화 질문지

구분	문 항 내 용	전혀 그렇지 않다	대체로 그렇지 않다	별로 그렇지 않다	조금 그렇다	대체로 그렇다	매우 그렇다
1	사람들은 내가 지나치게 감정적이라고 말한다.	①	②	③	④	⑤	⑥
2	나와 관계있는 사람에게 내 감정을 표현하는데 다소 어려움을 느낀다.	①	②	③	④	⑤	⑥
3	가족들과 함께 있으면 나는 종종 억압받는 느낌을 갖는다.	①	②	③	④	⑤	⑥
4	스트레스를 받더라도 나는 마음의 평정(平靜)을 잘 유지하는 편이다.	①	②	③	④	⑤	⑥
5	내가 좋아하는 두 사람 사이에 갈등이 생기면 나는 이러한 갈등을 가라앉히거나 완화시키려고 노력하는 편이다.	①	②	③	④	⑤	⑥
6	친한 사람이 나에게 실망을 주었을 때, 당분간 그 사람과는 거리를 둔다.	①	②	③	④	⑤	⑥
7	나의 생애에서 어떤 일이 일어날지라도 '내가 누구라는 정체성'을 잊지 않는다.	①	②	③	④	⑤	⑥
8	어떤 사람이든지 나와 너무 밀접해지려 한다면, 그 사람과 어느 정도 거리를 두려고 한다.	①	②	③	④	⑤	⑥
9	사람들은 내가 아직도 부모님과 너무 밀착되어 있다고 이야기한다.	①	②	③	④	⑤	⑥
10	내 자신이 너무 감정적이지 않았으면 좋겠다.	①	②	③	④	⑤	⑥
11	다른 사람을 흡족하게 해주기 위해, 나는 내 행동을 바꾸지 않는 편이다.	①	②	③	④	⑤	⑥
12	만약 어떤 일에 대한 나의 감정을 배우자에게 솔직히 표현한다면, 그(녀)는 이를 참아내지 못할 것이다.	①	②	③	④	⑤	⑥
13	다른 사람과의 관계에 문제가 생길 때마다, 나는 즉시 그 문제가 해결되길 원한다.	①	②	③	④	⑤	⑥
14	감정적으로 매우 혼란스러울 때, 나는 생각을 명확하게 정리하기 어렵다.	①	②	③	④	⑤	⑥
29	나는 친정(본가)의 부모님 또는 형제들과 말다툼하는 것에 대해서 아직도 두려운 느낌을 갖는 편이다.	①	②	③	④	⑤	⑥
30	만약 다른 사람이 나에게 화가 나있다면, 나는 이러한 상황을 그냥 두지 않고 수습하려는 편이다.	①	②	③	④	⑤	⑥
31	나는 다른 사람으로부터 인정받는 것보다는 내가 옳다고 생각한 것을 행동에 옮기는 일에 더 관심을 갖는다.	①	②	③	④	⑤	⑥
32	나는 가족 누구에게서도 정서적 지지를 받을 것이라고 기대하지 않는다.	①	②	③	④	⑤	⑥

구분	문 항 내 용	전혀 그렇지 않다	대체로 그렇지 않다	별로 그렇지 않다	조금 그렇다	대체로 그렇다	매우 그렇다
33	배우자와의 관계에 대해서 많이 생각하는 편이다.	①	②	③	④	⑤	⑥
34	나는 다른 사람으로부터 상처받는 것에 매우 민감하다.	①	②	③	④	⑤	⑥
35	나의 자존심은 다른 사람이 나에 대해서 어떻게 생각하는가에 따라 좌우된다.	①	②	③	④	⑤	⑥
36	배우자와 같이 있으면 숨이 막힐 듯 답답한 느낌이 자주 든다.	①	②	③	④	⑤	⑥
37	나와 가까운 사람이 아프다거나, 상처를 받거나, 화를 낼까 봐 걱정한다.	①	②	③	④	⑤	⑥
38	내가 사람들에게 어떤 인상을 심어주었는가에 대해서 종종 궁금해 하는 편이다.	①	②	③	④	⑤	⑥
39	어떤 일이 잘못돼 가고 있을 때, 그 일에 대해 말함으로써, 일을 더욱 그르치게 한다.	①	②	③	④	⑤	⑥
40	나는 보통 다른 사람보다 더 긴장감을 느낀다.	①	②	③	④	⑤	⑥
41	다른 사람이 무슨 말을 하든지, 내가 옳다고 믿는 바는 실천하는 편이다.	①	②	③	④	⑤	⑥
42	남편(아내)이 나만의 시간을 갖도록 배려해 준다면 우리의 관계는 더욱 좋아질 것 같다.	①	②	③	④	⑤	⑥
43	스트레스를 받더라도 나는 꽤 안정감을 느끼는 편이다.	①	②	③	④	⑤	⑥

정신신체적 증상 질문지

구분	문 항 내 용	전혀 그렇지 않다	대체로 그렇지 않다	조금 그렇다	매우 그렇다
1	두통이 있다.	①	②	③	④
2	신경이 예민하고 안정되지 않는다.	①	②	③	④
3	불길한 생각에서 쉽게 벗어날 수 없다.	①	②	③	④
4	어지럽거나 현기증이 난다.	①	②	③	④
5	성적(性的) 관심이나 만족이 줄어들었다.	①	②	③	④
6	다른 사람을 비난하고 싶다.	①	②	③	④
7	악몽을 꾼다.	①	②	③	④
8	흥분하면 조리 있게 말하기가 어렵다.	①	②	③	④
9	기억력이 떨어진다.	①	②	③	④
10	경솔하고 나약한 내 자신에 대해 걱정을 한다.	①	②	③	④
11	쉽게 속을 태우거나 초조해진다.	①	②	③	④
12	심장 또는 가슴에 통증을 느낀다.	①	②	③	④
13	몸이 가렵다.	①	②	③	④
14	기력이 떨어지는 듯한 느낌이 든다.	①	②	③	④
15	내 인생이 여기서 끝나 버린다는 생각이 든다.	①	②	③	④
16	진땀을 흘린다.	①	②	③	④
17	불안으로 떨린다.	①	②	③	④
18	감정이 혼란스럽다.	①	②	③	④
19	식욕이 떨어진다.	①	②	③	④
20	쉽게 울어버린다.	①	②	③	④
21	이성(異性)과 함께 있으면 부끄러워지거나 불편한 느낌이 든다	①	②	③	④
22	무엇인가에 사로잡힌 듯한 느낌이 든다.	①	②	③	④
23	이유 없이 갑자기 겁이 난다.	①	②	③	④
24	다른 사람에게 화가 치밀면 걷잡을 수 없다.	①	②	③	④
25	전반적으로 침체된 느낌이 든다.	①	②	③	④
26	일에 대해 주로 내 탓으로 돌린다.	①	②	③	④
27	허리에 통증을 느낀다.	①	②	③	④
28	어떤 일을 할 때 방해받는 듯한 느낌이 든다.	①	②	③	④
29	외롭다.	①	②	③	④
30	우울하다.	①	②	③	④
31	매사를 걱정하거나 초조해한다.	①	②	③	④

구분	문 항 내 용	전혀 그렇지 않다	대체로 그렇지 않다	조금 그렇다	매우 그렇다
32	매사에 흥미를 못 느낀다.	①	②	③	④
33	두렵다.	①	②	③	④
34	다른 사람에 대해 감정이 쉽게 상하는 편이다.	①	②	③	④
35	내가 해야 할 일에 대해서는 꼭 다른 사람에게 물어 보고 넘어간다.	①	②	③	④
36	다른 사람들은 나를 이해해주지 않거나 동정적(同情的)이지 않다고 느껴진다.	①	②	③	④
37	사람들은 나에게 우호적(友好的)으로 대하지 않거나 나를 싫어한다고 느껴진다.	①	②	③	④
38	내가 하는 일을 확실히 하기 위해, 일을 아주 천천히 해야만 한다.	①	②	③	④
39	가슴이 두근거리거나 뛴다.	①	②	③	④
40	메스껍거나 역겨워진다.	①	②	③	④
41	다른 사람에 대해 열등감을 느낀다.	①	②	③	④
42	근육통이 있다.	①	②	③	④
43	설사를 한다.	①	②	③	④
44	잠들기가 힘들거나 숙면을 취하기가 어렵다.	①	②	③	④
45	내가 하고 있는 일에 대해 확인하고 또 확인한다.	①	②	③	④
46	무슨 일이든 결정을 내리기가 어렵다.	①	②	③	④
47	혼자 있고 싶어 한다.	①	②	③	④
48	숨쉬기가 어렵다.	①	②	③	④
49	몸에서 열감을 느끼거나 한기를 느낀다.	①	②	③	④
50	내가 두려워하는 장소나 활동은 피해야만 한다.	①	②	③	④
51	마음이 텅 빈 느낌이 든다.	①	②	③	④
52	내 몸의 구석구석이 아프거나 저리다.	①	②	③	④
53	목이 메인다.	①	②	③	④
54	미래에 대해 희망이 없다는 느낌이 든다.	①	②	③	④
55	정신을 집중하기가 어렵다.	①	②	③	④
56	신체적으로 약한 부분이 있다.	①	②	③	④
57	긴장된 느낌이다.	①	②	③	④
58	팔다리가 무겁다.	①	②	③	④

가족사정 질문지

구분	문 항 내 용	전혀 그렇지 않다	대체로 그렇지 않다	조금 그렇다	매우 그렇다
1	가족성원 간에 이해가 서로 부족하기 때문에, 가족전체의 활동 계획을 세우기가 쉽지 않다.	①	②	③	④
2	일상생활에서 일어나는 대부분의 문제들은 주로 집에서 해결한다.	①	②	③	④
3	가족 한 사람이 화났을 때, 나머지 가족들은 그가 화난 이유를 알고 있다.	①	②	③	④
4	가족에게 일을 부탁했을 때, 그가 그 일을 했는지 확인해야 한다.	①	②	③	④
5	식구 중 한 사람이 어려움에 처하게 되면, 나머지 가족들은 그 의 문제에 지나치게 개입한다.	①	②	③	④
6	가족에 위기가 닥쳐올 때, 우리 가족은 서로 도움을 주고받는다.	①	②	③	④
7	우리 가족에게 위급한 일이 일어난다면, 어떻게 대처해 나가야 할지 모르겠다.	①	②	③	④
8	집에서 필요한 생필품이 떨어질 때가 간혹 있다.	①	②	③	④
9	우리가족은 서로에게 애정표현하기를 꺼려한다.	①	②	③	④
10	우리 식구 각자는 가족에 대한 책임을 잘 해내고 있다고 믿는다.	①	②	③	④
11	우리식구들은 슬픈 감정에 대해 서로 말할 수 없다.	①	②	③	④
12	우리는 가족문제에 대한 결정사항을 존중해서 행동한다.	①	②	③	④
13	내가 하는 일이 식구들에게 중요하다고 인정될 때만, 식구들로 부터 관심을 받는다.	①	②	③	④
14	가족의 대화내용으로는 그 사람의 감정상태가 어떠한지 알 수 없다.	①	②	③	④
15	가족과업들에 대한 내용이 가족성원들에게 충분히 알려지지 않 았다.	①	②	③	④
16	우리식구는 '각자 있는 모습 그대로' 서로를 수용해준다.	①	②	③	④
17	가족규칙을 어겼을지라도, 우리가족은 벌을 쉽게 면할 수 있다.	①	②	③	④
18	우리가족들은 어떤 일에 대해 넌지시 암시하는 대신에 직접적 으로 말한다.	①	②	③	④
19	우리식구 중 일부는 감정표현을 정확하게 하지 않는다.	①	②	③	④
20	우리가족은 응급상황에서 무슨 일을 해야 할지 알고 있다.	①	②	③	④
21	우리가족은 두려움이나 걱정거리에 대하여 이야기하는 것을 피 한다.	①	②	③	④
22	우리는 가족성원간 연민의 감정에 관해 이야기하기가 쉽지 않다.	①	②	③	④
23	우리가족은 지불청구서(카드이용대금)를 처리하는데, 어려움이 있다.	①	②	③	④

148

구분	문 항 내 용	전혀 그렇지 않다	대체로 그렇지 않다	조금 그렇다	매우 그렇다
24	우리가족은 어떤 문제를 해결하고 나서, 그 일이 잘되었는지 아닌지를 논의한다.	①	②	③	④
25	우리가족은 지나치게 자기중심적이다.	①	②	③	④
26	우리가족은 서로에게 감정을 표현할 수 있다.	①	②	③	④
27	우리가족은 화장실의 사용에 있어 분명한 규칙이 없다.	①	②	③	④
28	우리가족은 서로에게 사랑을 표현하지 않는다.	①	②	③	④
29	우리는 중간에 어떤 사람을 통하여 말하기보다는 서로에게 직접적으로 말하고 있다.	①	②	③	④
30	우리가족은 각자 특별한 임무와 책임을 가지고 있다.	①	②	③	④
31	우리가족 간에는 나쁜 감정들이 많이 있다.	①	②	③	④
32	가족체벌에 대한 규칙이 있다.	①	②	③	④
33	우리 가족은 관심이 있을 때에만 서로에게 깊이 관여한다.	①	②	③	④
34	우리가족은 개인적인 관심사에 대해서 서로 이야기할 시간이 거의 없다.	①	②	③	④
35	우리는 종종 우리가 의미하는 바를 솔직하게 말하지 않는다.	①	②	③	④
36	우리가족은 '있는 그대로의 모습'으로 각자 수용(受容)받고 있음을 느낀다.	①	②	③	④
37	개인적으로 무엇인가를 얻을 수 있을 때에만, 우리가족들은 서로에게 관심을 보인다.	①	②	③	④
38	가족성원간에 생긴 감정적 불화는 대부분 해결하고 넘어간다.	①	②	③	④
39	우리 가족에서 애정은 다른 것들보다 부차적인 것이다.	①	②	③	④
40	우리는 누가 가사를 할 것인지 논의한다.	①	②	③	④
41	우리 가족에게는 어떤 결정을 하는 일이 문제이다.	①	②	③	④
42	우리 가족성원들은 무엇인가를 얻을 수 있을 때에만 서로 간에 관심을 보인다.	①	②	③	④
43	우리는 가족 간에 서로 솔직히 대한다.	①	②	③	④
44	우리가족은 어떤 규칙이나 기준에 얽매이지 않는다.	①	②	③	④
45	가족성원에게 어떤 일을 하도록 부탁했을 경우, 그 일에 대해 다시 한번 상기시켜 주어야 한다.	①	②	③	④
46	우리가족은 문제를 어떻게 해결해야 할 것인가에 관한 결정을 내릴 수 있다.	①	②	③	④
47	가족규칙을 어길 경우, 무엇을 요구해야 할지 모른다.	①	②	③	④
48	집안일은 그런 대로 잘 되어가고 있다.	①	②	③	④
49	우리는 애정을 표현한다.	①	②	③	④
50	우리는 감정에 관련된 문제들을 회피하지 않고 직면한다.	①	②	③	④

구분	문 항 내 용	전혀 그렇지 않다	대체로 그렇지 않다	조금 그렇다	매우 그렇다
51	우리가족은 서로 마음이 맞지 않는다.	①	②	③	④
52	우리가족은 화가 나 있을 때 서로에게 말하지 않는다.	①	②	③	④
53	우리가족은 각자에게 부여된 가족역할임무에 대해 통상적으로 만족하지 못한다.	①	②	③	④
54	가족 간에 호의를 갖고 있기는 하지만, 서로 각자에 대해서 너무 간섭하는 편이다.	①	②	③	④
55	우리가족은 위험한 상황들에 관한 규칙을 정해 놓고 있다.	①	②	③	④
56	우리가족은 서로를 신뢰한다.	①	②	③	④
57	우리는 드러내놓고 운다.	①	②	③	④
58	우리에게는 적당한 운송수단(자동차 등)이 없다.	①	②	③	④
59	가족성원이 해 놓은 일이 마음에 들지 않을 때에는 그에게 말한다.	①	②	③	④
60	우리가족은 문제해결을 위해 다양한 방법들을 모색해 본다.	①	②	③	④

부모적응 질문지

구분	문 항 내 용	결코 그렇지 않다	거의 그렇지 않다	가끔 그렇다	자주 그렇다	항상 그렇다
1	나는 왜 신이 모든 사람들 중에 나를 택하여 이런 짐을 지우는 것인지 모르겠다.	①	②	③	④	⑤
2	나는 내 아이가 심한 장애를 가지고 있다고 믿지 않는다.	①	②	③	④	⑤
3	내 아이는 장애를 가지고 있어도 우리 다른 가족들과 마찬가지로 스스로 할 수 있는 조그마한 일들은 자신이 한다.	①	②	③	④	⑤
4	나는 아무것도 아닌 것 같고 온 세상이 무너져 버린 것 같다	①	②	③	④	⑤
5	나는 미래에 대해 생각하는 것이 힘들다 - 나는 내일에 대하여 거의 아무것도 생각할 수 없다.	①	②	③	④	⑤
6	나는 이유 없이 화가 나고 다른 사람들에 대해 공격적이 되곤 한다.	①	②	③	④	⑤
7	나는 언젠가 내 아이가 다른 정상아이 같이 될 것이라고 믿는다.	①	②	③	④	⑤
8	나는 내 아이가 완전히 치료되지 못하리라는 것을 안다.	①	②	③	④	⑤
9	나는 마치 내 가정에 하나의 비극이 닥쳐온 것처럼 느낀다.	①	②	③	④	⑤
10	나는 장애아동을 갖는 것이 내 삶을 폭넓게 할 뿐 아니라 보다 풍성하고 의미 있게 만든다고 믿는다.	①	②	③	④	⑤
11	나는 이런 일이 내게 일어났다는 것을 믿을 수가 없을 뿐이다.	①	②	③	④	⑤
12	나는 내 아이에 대해 부정적인 감정을 가지고 있다.	①	②	③	④	⑤
13	나는 이런 장애아동을 갖는 것이 내 일생에 가장 커다란 비극이라고 느낀다.	①	②	③	④	⑤
14	언젠가 기적이 일어나서 내 아이는 낫게 될 것이다.	①	②	③	④	⑤
15	나는 우리에게 적절한 장래의 방향과 학교교육에 관해 항상 생각하고 있다.	①	②	③	④	⑤
16	나는 내 자신에게 '왜 이런 일이 나에게 일어났을까?' 묻곤 한다.	①	②	③	④	⑤
17	나는 내 아이의 장래 상황을 생각하면 몹시 우울해지고 있다.	①	②	③	④	⑤
18	내가 이전에 무슨 잘못을 했기에 내 아이에게 이런 일이 일어났을까 하는 생각을 한다.	①	②	③	④	⑤
19	나는 내 상황을 생각하면 눈물이 나거나 매우 무기력함을 느낀다.	①	②	③	④	⑤
20	나는 주로 집에 혼자 있고 내 처지에 대해 항상 생각하곤 한다.	①	②	③	④	⑤

구분	문 항 내 용	결코 그렇지 않다	거의 그렇지 않다	가끔 그렇다	자주 그렇다	항상 그렇다
21	나는 내 아이를 위한 옹호적인 노력에 최선을 다하고 있다.	①	②	③	④	⑤
22	나는 정신지체아동이나 장애아동을 돌보는 것이 정상아동을 돌보는 것과 마찬가지라고 느낀다.	①	②	③	④	⑤
23	나는 내 아이가 상당히 가능성이 있다고 느낀다. : 내 아이는 지체되거나 장애가 있는 것처럼 느껴지지 않는다.	①	②	③	④	⑤
24	나는 내게서 장애아동이 태어나리라는 상상을 해보지 않았다. 이런 일이 다른 사람들에게 일어났다는 이야기를 들었으나 나 자신에게 일어날 수 있으리라고는 조금도 생각 해 본적이 없다.	①	②	③	④	⑤
25	어떤 사람들이 내 아이를 물끄러미 쳐다보는데 그것은 단순히 호기심 때문에 혹은 자기도 모르는 가운데 그러는 것이다.	①	②	③	④	⑤
26	나는 내 아이가 어느 날 정상이 될 것이라고 믿는다.	①	②	③	④	⑤
27	나는 사람들이 내 아이를 물끄러미 쳐다보는 것이 미울 만치 싫다.	①	②	③	④	⑤

일반적 사항

Ⅰ. 장애자녀와 관련된 사항

1. 자녀의 나이 : 만( )세, 성별 : 남( )여( ),

   출생순위 : ( )남( )녀 중( )째

2. 장애의 유형과 정도

   (1) 장애유형 : (한개만 선택)

   1) 자폐성 장애 ( )   2) 정서장애 ( )

   3) 레트 장애 ( )   4) 야스퍼거 장애 ( )

   5) 정신지체장애 ( ) 6) 기타 장애 ( )

   (2) 중복(동반)장애는? (해당되는 것을 모두 선택)

   1) 언어장애 2) 청각장애 3) 정신지체장애

   4) 운동신체기능장애 5) 동반장애는 없음.

   (3) 장애정도 :

   1) 1급 ( ) 2) 2급 ( ) 3) 3급 ( ) 4) 4급 ( )

   5) 5급 ( ) 6) 6급 ( ) 7) 진단판정을 받지 않음 ( )

   8) 기타 ( )

3. 확정진단을 받은 후 몇 년이 지났습니까?

   1) 1년 미만 ( )   2) 1년 이상−3년 미만 ( )

   3) 3년 이상−5년 미만 ( ) 4) 5년 이상−10년 미만 ( )

   5) 10년 이상 ( )

4. 현재 자녀가 재활서비스를 받는 곳은?

    1) 소아정신과 (　)　　　2) 조기특수교육실 (　)

    3) 특수학교 (　)　　　　4) 일반학교의 특수학급 (　)

    5) 직업훈련원 (　)　　　6) 장애인복지관 (　)

    7) 지역사회복지관 (　) 8) 기타 (　)

5. 자녀의 재활치료, 재활교육 등에 대한 의사결정은 어떻게 하십니까?

    1) 부부가 함께 상의 (　)　　2) 어머니 단독으로 결정 (　)

    3) 아버지 단독으로 결정 (　) 4) 부부와 자녀가 함께 상의 (　)

    5) 시댁이나 친정식구의 의견참고 (　)

Ⅱ. 가정과 관련된 사항

1. 주택소유의 형태는 ?

    1) 자가소유 (　)　　　　2) 전세 (　)　　3) 월세 (　)

    4) 부모님(시댁 또는 친정)의 집 (　)　　5) 기타 (　)

2. 가족의 월평균 수입은?

    1) 50만 원 미만 (　) 2) 50－99만 원 (　)

    3) 100－199만 원 (　) 4) 200－299만 원 (　)

    5) 300－399만 원 (　) 6) 400－499만 원 (　)

    7) 500만 원 이상 (　)

3. 어머니가 생각하는 우리가정의 경제생활수준은?

    1) 상의 상 (　) 2) 상의 중 (　) 3) 상의 하 (　)

    4) 중의 상 (　) 5) 중의 중 (　) 6) 중의 하 (　)

    7) 하의 상 (　) 8) 하의 중 (　) 9) 하의 하 (　)

III. 부부와 관련된 사항

1. 연령 : 어머니 만 (세), 아버지 만 (세)

2. 학력 :

	무학	초졸	중졸	고졸	대졸	대학원졸
어머니	①	②	③	④	⑤	⑥
아버지	①	②	③	④	⑤	⑥

3. 직업 :

	생산직	서비스직	사무직	관리직	자영업	전문직	영업직	무직/주부
어머니	①	②	③	④	⑤	⑥	⑦	⑧
아버지	①	②	③	④	⑤	⑥	⑦	⑧

4. 종교 :

	기독교	천주교	불교	유교	무교	기타
어머니	①	②	③	④	⑤	⑥

5. 부부의 건강상태는?

	건강함	고혈압	당뇨	심장질환	간장질환	소화기질환	정신질환	신경계질환	기타
어머니	①	②	③	④	⑤	⑥	⑦	⑧	⑨
아버지	①	②	③	④	⑤	⑥	⑦	⑧	⑨

지금까지 응답하시느라 수고하셨습니다. 혹시 빠진 문항이 있는가를 체크하시를 부탁드립니다. 어머님께서 답하신 자료는 장애인과 가족을 위한 전문적 서비스를 개발하는데 많은 도움이 되리라고 믿습니다.

· 저자 ·

김중호
(金仲浩)

· 약 력 ·

숭실대학교 사회과학대학 사회사업학과 졸업
숭실대학교 대학원 사회사업학 문학석사
숭실대학교 대학원 사회사업학 문학박사
한국가족치료학회 회원
한국사회복지학회 회원
(전) 서울장애인종합복지관 사회복지사
(전) 서울남부장애인종합복지관 사회복지사
(전) 한국사회복지사협회 자격제도위원회 위원
(현) 사회복지법인 하남사회복지회 이사, 자문위원
(현) 수원시 사회복지사협회 자문위원
(현) 서울장신대학교 사회사업학과 부교수

· 주요논저 ·

「다세대가족치료에서의 삼각관계」
「자아분화와 가족성원의 사회적 기능과의 관계」
「가족체계이론과 정서의 임상적 의미」
「정서적 단절로 인하여 나타나는 가족증상과 치료적 접근」
「발달장애아동을 둔 어머니의 기능적 자아분화에 관한 연구」
외 다수

BOWEN의 가족치료와
AMOS통계를 통한 자아분화 측정

• 초판 인쇄	2008년 5월 30일
• 초판 발행	2008년 5월 30일
• 지 은 이	김중호
• 펴 낸 이	채종준
• 펴 낸 곳	한국학술정보㈜
	경기도 파주시 교하읍 문발리 513−5
	파주출판문화정보산업단지
	전화 031) 908−3181(대표) · 팩스 031) 908−3189
	홈페이지 http://www.kstudy.com
	e-mail(출판사업부) publish@kstudy.com
• 등 록	제일산−115호(2000. 6. 19)
• 가 격	10,000원

ISBN   978-89-534-7793-3 93330 (Paper Book)
        978-89-534-7794-0 98330 (e-Book)